10
18

12, AVENUE D'ITALIE. PARIS XIIIe

Sur l'auteur

Lidia Yuknavitch est écrivaine et enseigne l'écriture, la littérature, le cinéma et le féminisme à l'université de l'Oregon. Après *Dora la dingue*, elle signe *La Mécanique des fluides*, aux éditions Denoël.

LIDIA YUKNAVITCH

DORA LA DINGUE

Traduit de l'anglais (États-Unis)
par Guillaume-Jean Milan

Postface de Chuck Palahniuk

10/18

DENOËL

Titre original :
Dora : A Headcase

Éditeur original : Hawthorne Books and Literary Arts

ISBN 978-2-264-06421-9

Ce livre s'adresse à tout ado qu'un jour on a traité comme s'il allait mal, alors qu'en réalité il nous ouvrait grand sa porte. Je l'ai écrit pour toi.

Et oui, tu as bien raison : le monde adulte EST un film de Fellini.

Les anguilles ne tenant pas de journal intime, l'unique façon de définir leur genre fut de les couper en rondelles. Hélas, toutes celles que j'ai disséquées appartenaient au beau sexe.

Sigmund Freud,
À la recherche de testicules chez les anguilles

Il est funeste d'être seulement homme ou femme : il faut être féminin-masculin ou masculin-féminin.

Virginia Woolf

Rien n'existe tant qu'on ne l'a pas écrit.

Virginia Woolf

1

Mère relave les cuillères. De là où je suis dans la cuisine, je vois le reflet de sa tête psychédélique : gros crâne, commissures des lèvres tombantes, yeux qui mangent le reste du visage. Une femme au visage affaissé. Sans déconner, regardez-la. Elle les décape salement, ces cuillères. Pauvres ustensiles en argent.

Être sa gamine, c'était un peu pareil.

Je vois le moindre détail de cette ville depuis la fenêtre de notre cuisine pourrie. Tout ce gris qui vire au bleu puis au noir. Les rues de Seattle qui courent dans tous les sens. Passants malingres. Trombes d'eau. Je vois le Space Needle. Sans doute le truc le plus con de la Terre. Au cœur de la pluie, la vue depuis l'appartement haut perché fait qu'on se croit dans un rêve. Je pose la main sur la vitre et je regarde la buée entourer mes doigts. J'enlève ma main. Voilà ce que je suis : une trace. Fille transparente. En peignoir éponge rose et dans des sous-vêtements de deux jours. Je veux une cigarette.

Mère. Je soupire. Elle frottera les cuillères jusqu'à ce qu'elle soit elle-même propre.

Je me frotte les yeux. J'ai l'impression que mon visage est barbouillé.

Vous voulez que je vous dise ? Dix-sept ans, c'est pas top. On a envie de prendre l'air, on a envie de se débarrasser de soi comme d'une vieille peau morte, on a envie de prendre les choses telles quelles et de tout balancer. On se fait des piercings sur le visage, on se fait tatouer... n'importe quoi pour sentir quelque chose d'autre que la torpeur dedans.

On invente des vêtements que les autres prennent pour des loques. On se défonce. On touche à la sexualité. On s'enfonce dans les oreilles des écouteurs qui crachent une musique si forte qu'elle en est inaudible. C'est la pulsation, la chaleur, l'impact, le martèlement et le cri de corps bientôt adultes. On envoie des textos à s'en fouler les pouces, on tourne des films à l'arrache. On vit par le son et la lumière – par la technologie. Avec, à portée de main, l'arsenal de dope de nos zombies de parents.

Je suis pas une criminelle.

Je suis juste la fille d'une mère. Je suis pas dingue.

Je.

Veux.

Juste.

Respirer.

J'entre dans le salon en marchant. Cette pièce me rappelle toujours Monsieur K. Elle sent même un peu comme lui. La première fois qu'il m'a draguée, Monsieur K. – le copain de mon père –, il avait un couteau à beurre dans la main. Pourquoi un couteau à beurre ? Allez savoir ! Il en avait un, point. Dans le salon, lui et moi. Et la pluie qui murmurait comme les bonnes sœurs contre les murs et les fenêtres. Son couteau à beurre en main, il a traversé le tapis dans ma direction. Il tremblait. Il a posé une main sur ma hanche, puis l'autre près de ma clavicule. J'avais un T-shirt des Pixies orné d'épingles de nourrice à l'encolure. Il s'est penché, m'a suçoté, mordillé le cou et il a gémi. Il sentait l'eau de Cologne Old Spice et les pastilles Altoids.

C'était d'un rétro ! Un vrai film de Lon Chaney. Ça aurait dû être en noir et blanc avec une musique dramatique et flippante en fond sonore. Je l'aurais youtubé. Putain, mais il se croyait où ? J'ai dégainé mon couteau de poche. L'ai ouvert d'une chiquenaude. Il a fait un pas en arrière, pensant que ça lui était peut-être destiné, j'imagine. J'ai brandi cette petite lame entre nous. L'ai menacé. Ça me faisait marrer. Ensuite j'ai approché la lame de ma clavicule au-dessus des épingles de nourrice et des Pixies, à l'endroit exact où il avait tremblé et gémi. J'ai pris son regard en otage.

Sans même jeter un œil, j'ai fait un petit sourire sur ma peau. J'ai entendu sa gorge se serrer.

J'avais quatorze ans.

Après ça, j'ai perdu ma voix. Je savais où elle était. Mais je le disais pas. Bien que ce soit arrivé il y a des années, je peux encore la faire disparaître quand c'est nécessaire.

Je sais pas comment, mon père s'est mis dans le crâne que j'avais besoin d'un psy. Tout ça est si parfaitement œdipien. Il sait inconsciemment que je les ai dans le collimateur, lui et Monsieur K. Putain, c'est normal, non ? Ils sont aussi discrets que ces arriérés de Nordstrom. Il sait que je fais arquer Monsieur K, alors forcément je suis malade. Envoie la fille chez le psy. Lave-toi les mains. Refais ton nœud de cravate de père.

Mon nom est Ida. Était, plutôt.

Faut que j'aille pisser.

Je me dirige vers la salle de bains. Ma mère le remarque à peine. Ou alors elle le remarque, mais ne le montre pas. J'entre dedans. Ferme le verrou. M'assois sur les toilettes. La pisse sort à gros bouillons. Je m'étais retenue longtemps. Quand on se retient suffisamment longtemps, on peut presque jouir en pissant. J'envisage de prendre une douche, mais décide plutôt de me couper les cheveux. Je récupère les ciseaux dans le tiroir. Je prends une grosse mèche, et hop les cheveux tombent. J'en prends une autre, puis une autre et je coupe, rasibus, près du crâne. J'ai l'air trop drôle. Je ressemble de plus en plus à Sid Vicious. Je fais des grimaces dans le miroir.

« Ida ? »

C'est la mère qui m'appelle. Je dois être là depuis un moment.

« Ida ? », plus proche. Comment on peut baptiser sa gosse Ida ?

Bordel. Ça frappe à la porte.

C'est à ce moment-là que mes yeux tombent sur le rasoir de mon père – du genre rasoir à l'ancienne. Du genre qu'on dévisse pour mettre une VRAIE lame dedans. Une antiquité, le truc. Ma parole. Il sort tout droit d'un film de Merchant Ivory. Mais il a une bonne tête. Je suis sûre que ça s'appelle un rasoir mécanique de sûreté. Trop drôle. Je ferme le verrou de la salle de bains.

« Ida ? »

Je me mets au boulot. C'est comme si j'étais une artiste. Ce genre de rasoir, il faut le tenir très délicatement. Comme un pinceau. La tête est lourde. Faut bien le faire glisser, histoire de pas faire un carnage. Trente coups sont nécessaires. Pour faire un chef-d'œuvre, j'entends. Je les compte. Le sang ne m'a jamais dérangée. C'est ma couleur préférée, à vrai dire.

Son petit poing crible la porte comme une maman pic-vert.

J'ai presque fini.

Ses coups de bec vont crescendo, je pose le rasoir et regarde longuement, attentivement. Admirative devant mon boulot. Ensuite j'ouvre tout grand la porte en criant : « Voilà ! »

Ma mère recule d'un pas, le souffle coupé. Son visage vire au blanc. De sa main libre une cuillère tombe au sol, au ralenti, tête la première. Mon crâne dégoulinant de sang apparaît furtivement comme un petit dessin animé dans la cuillère en chute libre. Elle fait un bruit métallique en touchant le sol. C'est sa mère qui lui avait donné ce service en argent. Et avant elle, la mère de sa mère. Qu'est-ce qu'ils ont tous avec l'argent ? Je fixe cette cuillère stupide au sol. Puis je la ramasse, j'admire mon image et je la lèche.

« Ida ! Mais qu'est-ce que t'as fait ? »

Elle fixe avec horreur mon crâne complètement rasé et plein de petites coupures.

J'enlève la cuillère de ma bouche et je la lui tends.

« Je suis un oisillon ! » je dis. Et je me mets en quête d'une cigarette.

2

Un bon conseil : quand vous en avez jusque-là, pensez aux quintes de toux. Je ne plaisante pas. Quand ils viennent – la bouche pleine d'un grand cru – vous balancer leurs sermons, leurs conseils, leurs leçons de morale, vous commencez à tousser. Plus ils essaient de vous dire des trucs, plus vous toussez – haussez les épaules, toussez à vous décrocher un poumon et secouez la tête genre vous pouvez rien y faire.

Bien sûr vous risquez de vous retrouver devant un toubib quelconque, mais c'est le prix – modique – à payer. Vous aurez sans aucun doute droit à la fumeuse tirade sur le cancer. J'ai l'impression qu'ils vont tous sur le même site Internet pour concocter leur diatribe. Un de ces « Comment remplir les blancs face à votre ado ». Je suis dans la batmobile avec le pater. Il m'emmène chez le psy. Dr Sig – c'est le surnom que je donne à mon toubib. Diminutif : Siggy. La batmobile en question, c'est une Lexus personnalisée. Extérieur noir. Intérieur cuir fauve. Vitres teintées. Je regarde sa nuque. C'est un moment privilégié pour nous, vu que je le vois presque jamais. Papa le Chauffeur. Mais je crois qu'il le croit différent, ce moment qu'on partage ensemble.

Mon père ne veut pas que ma mère sache qu'il s'envoie madame K depuis plus de deux ans. Il croit que mère ne le sait pas. Je crois qu'il est stupide. Suffit de voir son attitude à elle. Maman se brosse les cheveux devant sa coiffeuse le soir. Au lieu de tubes, poudres et autres pinceaux destinés à peinturlurer le visage d'une femme, sa coiffeuse fourmille de petits flacons marron, de flacons blancs, des minuscules et des plus gros avec des kilomètres d'indications qui l'attirent comme si c'était du blush, du parfum ou du rouge à lèvres. Adderall et autres amphétamines, Xanax, Vicodin, Oxy, morphine, Dramamine et tranquillisants. C'est pas sorcier de lui piquer vu qu'à 9 heures du soir, c'est plus une mère. Elle les passe en revue un par un tout en se brossant les cheveux, en fredonnant. Trop flippant... mais aussi, étrangement, hypnotique.

Si j'étais peintre, je peindrais son visage dissous par les sédatifs, les hauts et les bas d'une épouse devenue zombie.

La batmobile s'arrête aux feux rouges et opère ses virages furtifs. La pluie barbouille les vitres et floute les immeubles, voitures et gens qui défilent. La nuque de mon père dit : « Ida. »

J'entends au son de sa voix de tête qu'il va dire un truc naze. J'embraie sur un petit « Hum ». Un petit... zut alors, j'ai... comme un chat dans la gorge.

Il dit : « Ida, c'est important. Ta mère... Ida, il faut que t'arrêtes de faire... de te faire ces trucs, là. Ça fait de la peine à ta mère, ce que tu fais. »

C'est reparti. Voilà qu'il prend des tours, avec son histoire. Il me regarde dans le rétroviseur. Je présume qu'il parle de ma nouvelle tête. Inconsciemment, il se frappe la sienne d'une main. J'en ai appris un paquet sur ces petits gestes récemment – actes machinaux, tics, nervosité. Je me frappe la tête aussi. Image du rétro. Mais je sais ce qui m'attend : un speech pour tâcher de se donner bonne conscience une fois de plus. Un speech pour éclipser ce que je sais, éclipser mon rôle dans son histoire comme le doux ronronnement d'un moteur de voiture mentant sur le réchauffement global.

« Ce truc avec ta tête », dit sa tête, et je balance un vieux coup de pied direct entre les épaules.

« C'est important que tu prennes ces rendez-vous au sérieux. »

Toux.

« Ça m'a coûté cher de te trouver la meilleure aide qui soit. »

Toux. Toux.

« Ce médecin, c'est le meilleur. »

Toussotement toux toux.

« Ida, ça suffit... »

Je commence vraiment à péter un câble. Je commence à tousser des mucosités et à ruer, je le couvre de bruit comme si je m'étouffais en mangeant un truc, et figurez-vous qu'il commence à parler plus fort. Il prend une fausse voix autoritaire de père.

« Ida », dit-il avec sévérité, comme si prendre cette fausse voix paternelle allait avoir un impact après tout ce temps. « On se conduit pas comme ça, tu es trop vieille pour te tenir aussi mal. »

Je donne illico dans le mode visage tout rouge yeux pleins de larmes. Si moi je suis trop vieille pour me tenir aussi mal, il est quoi lui ?

Jetoussejetoussejetoussejetoussejetoussejetousse. Si je voulais, je pourrais tousser suffisamment fort pour faire voler les vitres de la Lexus en éclats, je pourrais exploser le luxueux tableau de bord et l'éjecter de son siège.

« IDA ! hurle-t-il.

— Il est temps que tu te comportes de façon responsable », hurle-t-il plein pot de sa voix de faux père, alors qu'on se gare devant le cabinet du Dr Sig – sauf que j'ai arrêté de tousser, du coup mon père hurle dans le vide comme un con – ses mots restent en suspens entre nous. Il regarde dans le rétroviseur. Je hausse les épaules. On se fixe dans la petite surface réfléchissante. Il déverrouille les portes de la batmobile.

J'ouvre la patermobile hermétiquement fermée – où ses petites histoires perso s'écoulent sans effort, le long des routes – et je sors dans la pluie. Tandis qu'il s'éloigne, je ferme les yeux et tends mon visage au ciel. La pluie est fraîche sur mon crâne et sur mon visage.

Chaque jeudi mon père me dépose comme ça.

Pour pouvoir s'éloigner de ce qu'il a fait.

3

Je me demande quand même si le Sig regarde ses patients arriver depuis la fenêtre de son cabinet. En s'empoignant l'entrejambe comme un vieux cochon. Son cabinet se trouve au premier étage d'un immeuble chic et restauré de Seattle. Il a une fenêtre longue et étroite avec des rideaux super flippants qui tombent jusqu'au sol. Sérieux, j'ai déjà vu ses petits quinquets de fouine juste à côté des rideaux. Mais c'est dur d'en être sûr quand on est en bas dans la rue. Je jette un œil là-haut. S'il regarde aujourd'hui, il sera servi. Avec ma nouvelle tête et tout. Je me frotte le crâne pour me porter chance.

Je marche vers l'entrée de l'immeuble. Je m'arrête. Je regarde en haut, je souris et je fais signe, j'envoie un baiser. Au cas où.

C'est mon septième rencard avec le Sig. J'ai appris quelques trucs, nom d'un pétard. Si d'aventure quelqu'un vous dit que voir un psy c'est une thérapie, qu'il aspire un pet depuis votre aimable trou du cul. C'est pas une thérapie, c'est une tragédie grecque. Faut se documenter. Faut jouer le jeu.

À l'intérieur de l'immeuble, je pousse le bouton et j'entends le doux gazouillis de l'ascenseur. Je parie qu'il le guette, ce gazouillis. Je parie qu'il pense à mes rangers quand je marche dans le hall en direction de son cabinet. Qui résisterait à des Dr Martens en cuir rouge sur des mollets d'adolescente ?

Bon, je vous fais un petit topo. Sur le cabinet de Sig, je veux dire. Primo, il y a dix fois trop de lampes Pottery Barn. Faites-moi confiance. Mes darons ont choisi toute la déco de l'appart chez ces nazes de PB et de Restauration, alors quand je tombe sur un intérieur salement bourge, je me trompe pas. Maintenant, imaginez toutes ces lampes avec le plus bas voltage du monde, si bien que la pièce n'est pas vraiment « bien éclairée ». Genre invariablement jaune tirant sur le brun, où qu'on pose les yeux. Ce qu'ils appellent de l'éclairage « chaud ». Sans doute pour que tous les dingos restent calmes. Perso, je trouve que ça fait plutôt ambiance marécage.

Ensuite il y a un gigantoïde bureau d'homme en acajou. On a le droit de dire à semelle compensée ? Si jamais un jour il y a un deuxième déluge, il est paré le Sig. Il peut embarquer des tapées d'animaux, l'engin. Sur le bureau d'homme, un cendrier – grave old school – pas du tout politiquement correct dans nos espaces de travail non fumeur, artificiels, respectueux de l'environnement. Le Sig ? Un fumeur de havanes, apparemment. J'ai vu un mégot marron à moitié fumé.

Je crois que les seuls endroits où j'ai vu des gens fumer des cigares, c'est soit dans les films en noir et blanc, soit chez des vieux. Bizarre bizarre.

ÉVIDEMMENT, les murs du cabinet sont tapissés d'environ un quadrillion de bouquins : normal, il s'agirait pas que quiconque passe à côté de sa über remarquable intelligence et son big cerveau, vous comprenez. De temps en temps il flâne autour des bouquins et – je déconne pas – *passe la main sur leurs tranches*. Beurk.

Quoi d'autre ? Deux tapis persans qui ont l'air ridiculement chers, tissés sans l'ombre d'un doute par des terroristes, une autre petite table avec un machin pour faire du café, un fauteuil à haut dossier en chapeau de gendarme où il s'assoit quand on fait notre truc, là, et une espèce de peinture bizzaro-abstraite de... forêt ? Difficile à dire. Faut être bien stone pour penser que c'est des arbres. De « l'art » pour riches sur le déclin, quoi.

Et le plat de résistance, vous allez me dire ? Le canapé. Si, si, vous avez bien lu. Le Sigster a un canapé géant qui s'étale de tout son long, alors ils ont pas le choix les dingos. Du cuir d'Italie brossé, siouplé.

« Sérieux, c'est quoi ce canapé ? Faut que je m'assoie là-dessus ? » a été mon premier commentaire. Il a commencé par me sortir un pipeau sur la réflexologie – une théorie à deux balles comme quoi l'inconscient des gens était plus facilement soulagé quand ils étaient en position allongée.

« C'est aussi plus facile pour voir sous les jupes des filles, pas vrai ? j'ai ajouté.

— Là n'est pas la question », est devenu sa défense standard.

Je vous jure, si je gagnais un Vicodin chaque fois qu'il m'a dit ça, je pourrais remplir un des flacons de ma mère.

On peut dire que les règles ont été établies à cette première rencontre. Comme je le disais, j'ai beaucoup appris de nos petits dialogues depuis qu'on a commencé. Maintenant je viens parée.

Je voyage jamais désarmée dans ce bas monde. Primo j'ai un sac à main Dora l'Exploratrice partout où je vais. Celle de la télé pour enfants, vous savez ? Il est rose, brillant et pend à travers ma poitrine sur une longue lanière effilochée. Je l'ai eu quand j'étais gosse, mais j'ai fait des petites modifs depuis l'enfance. Deux épingles de nourrice là où étaient les yeux de ma petite chica de dessin animé. Et au marqueur rouge, je lui ai fait une bouche de poupée gonflable. Et j'ai peint un petit revolver, ça peut toujours servir. Sympa, vraiment. Ce crétin de petit singe bleu qui traîne avec elle, j'ai dû le transformer en squelette de la Mort.

Dans mon sac Dora, j'ai pas de mascara ni de brillant à lèvres ou de chewing-gum. J'ai pas de pastilles pour l'haleine ni de tampon ou de joint. J'ai pas de sucrerie ou de capote. Juste mon enregistreur audio Zoom H4n adoré. À tout moment. Partout.

Surtout ici.

Je frappe.

Il ouvre la porte.

« Ida, dit-il.

— Sig », je fais. Ça leur a jamais traversé l'esprit à ces gens que ça me dépassait à quel point ces fausses salutations étaient GÊNANTES. Salut, c'est moi. Ta givrée de 16 heures. Bonjour, mais entrez donc, que j'explore vos parties génitales en faisant semblant de parler de vos origines familiales. Tu parles d'un pipeau.

Une fois que je suis dedans, je suis *dedans*. Le lieu m'appartient. Je vous expliquerai plus tard. C'est moi contre lui. Les premiers gestes sont très importants. Je me tourne pour le regarder. Je souris du sourire d'une fille sur la crête des choses. Tu vas me sortir quoi aujourd'hui, hein Siggy ? Vas-y, envoie.

Il me fixe. « Je vois que vous avez... changé... de coiffure. » C'est tout ce qu'il me sort. Sans déconner. Un jeu d'enfant.

Je pivote sur moi-même en faisant mon cinéma. Puis je me tiens super droite. Je balance ma main jusqu'à mon crâne et je lève le menton. Il a l'air paniqué. Genre je vais l'agresser. Au lieu de ça, je le salue violemment, je claque des talons, je regarde légèrement au-dessus de son triste coussin de cheveux gris et je crie : « Herr Doktor ! »

Putain ouais.

Ça te l'a laissé sans voix.

4

Parfois il est vraiment pathétique.

Sans déconner.

Des fois, quand j'appuie sur rembobiner, j'ai les yeux qui roulent et je me demande ce qui arrive à ces types grisonnants. Ces sacs à viande quinquagénaires. Est-ce que leur cerveau s'atrophie comme le font leurs couilles ? Sans rire, ils ont le Viagra pour la problématique des bonbons, mais ils ont quoi pour ce putain d'affaissement cérébral ? Au fait, j'ai essayé le Viagra et, si c'est vrai que pour une fille ça fait baisser la pression sanguine au point de tomber par terre quand on fait pas gaffe, ça vous fait jouir en loopings. Ils n'aiment pas trop le dire aux femmes. Normal. Le truc qu'ils ont mis au point pour elles, en comparaison, il fait pâle figure. Question de subventions. Certaines bourses sont pleines, et d'autres vides...

Enfin, écoutez voir :

« Je crois que le dégoût précoce que vous avez connu lors de votre première expérience sexuelle, lorsqu'il a tenté de vous embrasser à l'âge de quatorze ans, est apparu comme le symptôme de la répression dans la zone orale érogène, qui, comme vous l'avez vous-même constaté, avait été sur-stimulée dans votre enfance du fait de la succion du pouce. »

Bougez pas, ça se corse :

« Le baiser a ensuite stimulé le dégoût, non seulement parce qu'il a déclenché une excitation sexuelle, mais aussi parce que la pression de son membre en érection a probablement conduit à une modification analogue de votre clitoris, et lors de cette étreinte vous avez simultanément désiré et craint le membre masculin, puis déplacé ces émotions au plan oral. »

Vous avez entendu, bordel ? Minute. C'est vraiment trop bon. Je vous le rejoue.

Vous voyez ?

Trop pathétique.

Je le remets en boucle. Dans le loft de Marlene, qui donne sur le Port de Pêche à la Con avec les ferries au loin. Les touristes espèrent que quelqu'un au marché va leur lancer un poisson dessus ou leur vendre du café et des chocolats. Je mets le volume à fond et le repasse une fois de plus. Premier enregistrement que j'essaie sur mon iPhone. Je suis rentrée et j'ai compris immédiatement qu'il me fallait une mise à jour. Le son était pourri. Maintenant j'ai mon Zoom H4n adoré – on peut enregistrer en quatre pistes stéréo n'importe où. Même du fond d'un sac à main Dora l'Exploratrice. Enfin, quand on laisse la fermeture Éclair assez ouverte pour que le micro coaxial passe.

Pour moi, quelles que soient les paroles qu'il prononce, la voix de Sig sonne douce et râpeuse, sauf quand il veut faire l'important. À ce moment-là sa gorge se resserre et il pointe le menton vers sa clavicule pour ressembler au type über chic qu'il a dû être dans le passé. Quand il baisse le menton comme ça, c'est comme s'il avait besoin de roter. Mais avec un mouvement de sourcil très sévère.

Marlene fait du bacon. Elle rit, elle rit encore – un profond rire de gorge à la rwandaise. Vous m'avez comprise. Ce rire, je l'ai enregistré. Si vous avez jamais entendu un rire rwandais, vous ratez quelque chose de méga cool.

Je dis : « J'ai jamais entendu un rire si profond. »

Elle répond : « C'est mon continent noir. Il vit en moi ! »

C'est cool, non ? Aucune idée de ce que ça peut bien vouloir dire mais c'est cool, non ?

« Ça veut dire quelque chose, ton truc ? » je dis.

À nouveau le rire. Je l'enregistre.

« C'est une déclaration faite par l'Histoire. J'ai dû la manger et maintenant elle est dans mon ventre. » Elle rit et je ris aussi, mon rire chevauche le sien comme une fille un poney.

« Tu peux m'apprendre à rire comme ça ? » Elle sourit. Du Rwanda, je sais rien d'autre que des mots comme génocide, Tutsis et Hutus. Des montagnes de crânes et d'os. À la télé. C'est pour ça que je dis qu'il y a quelque chose dans son rire. Méga.

En me tournant le dos, elle dit : « Un beau jour, t'apprendras à rire de toute la vie. »

Le bacon grésille et saute. Je sens le cochon chauffer.

C'est là que je passe la plupart de mes après-midi et soirées – dans le loft de Marlene, à lire, rangée après rangée, des livres datant d'un quadrillion d'années – des livres ruisselant de sexe tirés des annales de l'Histoire. C'est les seuls livres qu'elle possède. Comme une ancienne librairie érotique. Vous en reviendriez pas de voir à quel point les vieux livres sont plus cool que les nouveaux. Prenez Havelock Ellis. *Inversion sexuelle*. 1897. Ce qu'il était bizarre et loufoque, ce Havie. Mon préféré de lui, c'est *Amour et douleur : l'impulsion sexuelle chez les femmes*. 1903. Pourquoi je trouve aucun bouquin comme ça écrit par des gens qui sont pas morts ?

Et puis il y a le recueil d'opuscules d'Abner Kneeland, le dernier écrivain jugé pour blasphème aux États-Unis. Apparemment Monsieur 100 % Chrétien s'est un peu laissé aller dans son discours sur le sexe. Il a lancé un drôle de culte utopique baptisé *La Société des libres-penseurs*. Juste à côté, il y a un de ses copains, Charles Knowlton. *Les Fruits de la philosophie, ou la compagnie privée des jeunes mariés*. 1832. Ce type a été poursuivi pas mal de fois. Le livre traite du contrôle des naissances. Évidemment. À côté, un recueil de discours de Victoria Woodhull, dont *Les Épouvantails de l'esclavage sexuel*. 1873. Très Emma Goldman. C'est sûr, Emma est là-haut aussi, avec les livres de photographie, d'art, de médecine et de philosophie. Et toutes sortes de pornologie – Marlene l'appelle comme ça – l'essentiel étant que ça ait été publié avant 1945. Et tout ce qu'a pu écrire le marquis de Sade.

Un mot, pour vous. *Justine*.

De ses grosses mains d'homme Marlene fait le bacon. Plantée sur ses gros mollets d'homme elle se pavane dans la cuisine, en déshabillé de soie bleu nuit, perruque platine et escarpins en croco. Elle se penche et me tend une assiette de bacon, les lèvres rouges comme une cannette de Coca-Cola, les yeux cernés de khôl et sa pomme d'Adam, dansant elle dit, aussi profondément et doucement que la vraie Marlene : « Tu veux un peu de Schwein, Liebchen ? » Sa peau, si sombre que je veux la lécher. Si un beau jour je devais me choisir une mère, ce serait elle. Madone Chocolat.

Je remplis ma bouche de cochon grésillant. Sans doute ma nourriture préférée.

Marlene est un homme-femme. Je l'ai rencontrée pour la première fois au Point Humide, en dessous de Queen Anne Hill. Avant de virer porno, il programmait de merveilleux affreux groupes de punk. Marlene était à la porte pour empocher les biftons. Vu qu'ils ne servaient ni vendaient d'alcool, on pouvait tous entrer – une tripotée de gamins déjantés avec l'armoire à pharmacie des darons dans le falzar et des flasques dans le slip. On dansait fort chaque soir, à se baptiser les uns les autres de bleus. Aux côtés de punks, bikers et déplumés zarbi qu'avaient trop la haine – sans doute des néonazis ou un truc du genre. Marlene lisait toujours des livres à l'intérieur de sa petite baraque à fric. Un soir je suis entrée dedans et on a carrément accroché. Elle regardait un bouquin de photos érotiques genre d'avant 1900. La série Charlotte Baker, de Gustave Rejlander. Bizarrement ça filait la chair de poule. D'emblée je l'ai adorée.

Elle s'assoit en face de moi et se verse un whisky. M'en verse un aussi. Je rembobine. Cette fois je tombe sur un bout avec ma voix dedans :

« Ah oui ? Un jour j'ai vu mon père se faire faire une turlute par madame K. Ils étaient dans son bureau. La porte était entrouverte. Je l'ai vu sortir son outil, en fait. Elle avait remonté sa jupe sur son adorable gros cul blanc. Pour ce qui est du roman familial, faudra repasser ! »

Puis vient la voix du Dr Sig : « Oui, le fait que vous soyez témoin du désir de votre père satisfait par voix orale a un gros impact sur votre histoire. »

Je m'entends dire : « Écoutez, doc, c'est pas non plus la mer à boire, c'est qu'une pipe, merde ! »

Mon estomac se vrille. Je déteste le son de ma voix. « Je crois qu'il me prend pour une gonzesse », je dis à Marlene en me fourrant le reste de bacon dans la bouche.

En tenant son bout de bacon entre ses doigts aux ongles longs et prenant un alléchant amuse-gueule à la fois, Marlene dit : « Comment ça ?

— Je crois qu'il croit que je suis juste là pour... » Je remplis ma bouche. J'appuie sur rembobiner. Je regarde le parquet.

« Pour quoi, ma petite côtelette d'agneau ? » Marlene prend une gorgée et je vois qu'elle savoure le bacon et le whisky dans sa bouche.

Elle.

Avale.

C'est l'un des nombreux petits noms qu'elle me donne. Côtelette d'agneau. *Lamskotelet*, en allemand. Le père de Marlene et son grand-père étaient des Boches. J'ai appris des choses qu'on entend jamais à l'école sur l'histoire du Rwanda. Côtelette d'agneau. Je souris comme une gamine qu'a le bec plein de bacon. Je parle la bouche pleine. « Parfois je crois qu'il croit que je suis une mongole. Que je suis une fille Emo de seconde génération perturbée et déprimée. Que je viens à ces rendez-vous pour de vrai, tu vois. »

Marlene applaudit de ses mains au bacon avec ses ongles laqués bleus et jette la tête en arrière et rit de son rire. D'un coup elle arrache sa perruque platine et la jette à travers la pièce. Voilà la petite résille noire, étrangement splendide, au grand jour.

« J'ai exactement les livres qu'il te faut aujourd'hui ! » Elle fait son annonce, les mains jointes devant elle comme à Noël, et d'un pas léger s'approche des étagères.

Je m'occupe en rembobinant jusqu'à un autre passage de l'enregistrement de la journée. Espérant un truc super. Espérant noyer ma propre voix.

Je fais un mix.

La voix du Dr Sig avec des injections de Bowie, Lou Reed, Black Flag, Richard Hell, les Adverts et X, puis ce passage trop rigolo d'Elliott Smith en parallèle avec la discussion du Dr Sig sur la pulsion suicidaire. Si tout va bien, j'aurai un mix de prêt pour la rave XXX de Noël à la Kasbah. Avec un max de décibels, ça devrait faire une bête de spectacle.

À son retour Marlene a deux merveilles âgées d'un siècle au moins, format vingt-cinq par trente, avec une couverture rouge foncé. Elle me les tend. C'est lourd. Pas comme des livres d'aujourd'hui. Je sens mes biceps à l'action en les tenant. Mon cœur bat vite. Il n'y a rien de mieux que ces vieux livres dans le loft de Marlene. Enfin, presque rien. Je les mets sur la table. Ils sentent la poussière et le vieux. On dirait qu'ils datent d'avant le capitalisme. Pas jetables. Pas rapides. Tout sauf Barnes & Noble. Je jette un œil aux titres et je fais la grimace.

Fisiologia del Dolore. Fisiologia dell'Amore

« Ils parlent de quoi ? je dis.

– *Physiologie de la douleur*. 1880. Et celui-là », elle caresse l'autre comme si elle le chérissait, « *Physiologie de* », elle s'arrête et ferme les yeux, « *l'amour*. 1896. »

Je regarde le nom de l'auteur, je veux le manger avec mon bacon et mon whisky : « Mantegazza », je dis en articulant le moins possible à l'américaine.

« Mantegazza », répète Marlene.

Mes sessions d'enregistrement, je dois le reconnaître, je les considère comme un vrai trait de génie. Je me demande si un autre patient le fait. Je peux pas être la seule à y avoir pensé, franchement. C'est tellement trippant de les repasser quand on rentre chez soi. Grave zappée, la télé !

Par contre, des fois, quand j'écoute, il y a un truc qui me chagrine. Comme si... je sais pas. J'ai l'impression que je le comprends. Complètement, je veux dire. Comme si je pouvais voir et ressentir ce qu'il veut dire avant qu'il le dise. Ce qui n'a pas de sens. Nos vies n'ont rien de commun. On est si éloignés l'un de l'autre qu'on est comme des clandestins dans le pays de l'autre. Des couilles de vieil homme. Enfin bon. Parfois c'est comme si ses mots étaient déjà en moi.

Je saisis les livres rouges magnifiques et lourds. Au moment où je m'apprête à les mettre dans mon sac à dos, je vois des traces de doigts gras sur la couverture. Je souris. « Marlene, je vais pisser une goutte », je dis. Dans la salle de bains, je m'assois sur les toilettes. Je sors le magnéto et je rembobine, mon pipi en fond sonore. La voix de Siggy fait :

« Votre père vous a rendue malade. Vous vivez vos propres passions comme néfastes, de la même façon que vous percevez les siennes comme néfastes. La maladie en est la punition. »

Je reste là, au goutte-à-goutte, les coudes sur les genoux, réfléchissant, le menton dans mes mains. Ouais. Message reçu. En profondeur. Ma fente a des petits spasmes. Convulsion post-mictionnelle.

Mais quand je m'essuie, je l'entends poser la question la plus naze de l'année : « Vous masturbez-vous, Ida ? »

De ma petite voix d'oiseau changeante : « Et vous ? À votre âge, je veux dire ? » Putain. Fallait dégainer vite sur ce coup-là. Comment et quand je me touche, c'est pas ses affaires, bordel. Et concernant les infos sur ma lentille, je les donne quand ça me chante. Ce sera si et quand j'en ai besoin. Obsédé.

Puis sa voix reprend sur le H4n. « Ida, notre relation patient-médecin ne se prête pas à une discussion sur ma sexualité. C'est votre sexualité qui influe sur le contentement à portée de main. C'est votre sexualité qui vous a plongée dans une situation difficile. » Ce n'est pas la voix douce râpeuse. C'est la voix de l'homme qu'il pense avoir été. Une voix de gorge profonde et claire. Menton baissé.

Futé, le petit salopard. Puis je m'entends dire : « Bon d'accord, mais vous n'êtes pas censé aussi tisser une fausse relation de confiance entre Herr Doktor et moi pour que je vous dise tous mes secrets de fille ? Transfèrement ou transconstant ou transmerde de je sais pas quoi ? Pourquoi il faudrait que je déballe tout le magasin si vous assurez pas ? J'y gagne quoi, dans l'histoire ? »

Putain, ce que je déteste ma voix. Elle n'a pas encore de corps, cette voix.

Et il fait : « De l'aide. C'est de l'aide que vous gagnerez. Vous voulez entrer dans la vie d'adulte en toussant et en perdant votre voix ? Vous voulez démarrer vos futures relations dans un tel cafouillage émotionnel ? Je peux vous aider à remettre de l'ordre là-dedans. Tout commence dans vos rêves. »

Finaud et prétentieux, l'animal.

Je pensais que la seule parade valable serait de pencher la tête sur le côté, d'adoucir les yeux et la bouche, de tripoter doucement le sac à main sur mes genoux et de dire : « Vous êtes en colère contre moi ou quoi ? »

J'arrête l'enregistrement. Je me regarde vite fait dans le miroir de la salle de bains. J'ai déjà une barbe de un jour sur le crâne. Je ris. Toujours pas la voix d'une fille. J'ouvre l'armoire de toilette. Toutes les pilules de Marlene sont là. Alignées à la perfection.

Je zoome sur un flacon – je le prends, je le rapproche de moi – et je vois son nom à elle. Non, à lui. Hakizamana Ojo. Je pose le doigt sur les mots. Sans doute le nom le plus cool que j'aie jamais touché. Ensuite je fourre les pilules dans ma poche. Elle en a un paquet.

Si je me masturbe... vous savez quoi ? Qu'il aille se faire mettre, le Siggy. Faut faire gaffe à ces petits attrape-nigauds. Faut toujours avoir un coup d'avance dans la partie. Il a pour lui l'argent de mon père. Les cordons de la bourse. Il a le pouvoir d'écrire une histoire de moi, qui me construira ou me brisera. Pensez-y. Si à dix-huit ans on n'est pas fichu de se montrer plus malin qu'un psy quinquagénaire, comment on pourrait avancer dans la vie ?

J'ai remercié Marlene pour les bouquins et le bacon. Une fois rentrée, j'irai dans ma chambre et je fermerai à clef. Je me connecterai et je mettrai mon dernier audio en date sur mon Mac. J'ai un logiciel. Je mixe les voix.

Je considère de mon devoir de dépasser l'histoire que Sig fait de moi. C'est comme une course. Parce que franchement, le jour de mes dix-huit ans, je me casse grave.

5

La pluie tombe sur ma tête. Je marche dans le centre-ville en admirant les petits trous crasseux de Seattle – les allées entre les galeries. L'arrière des immeubles de brique où vivent les poubelles. Parkings aériens d'immeubles de bureaux. J'enregistre le son. Quand on écoute, on entend le métal sur le béton. L'eau dégoulinant. Le vent dans l'urbain.

Mon portable fait vibrer la poche avant de mon jean moulant. C'est la bande.

La bande, c'est pas « mes amis ». On ressemble plus à un micro-organisme. Comme dans Darwin. J'ai lu Darwin. J'ai piqué son bouquin à la bibliothèque. J'irais même en teuf avec le Darwin.

La bande se retrouve. Ce soir le mot de passe est 6NDSTpine-wear. Vous savez pas ce que ça veut dire mais moi si. Je penche pour une partie de cache-cache de poivrots ou un lance-pierre en soutif. Cent points quand on touche un vendeur dans le cul. Je vibre plusieurs fois d'affilée. Little Teena a du Percocet. Ave Maria, du Sweet Tooth. Toujours sans nouvelle d'Obsidienne. Obsidienne. Obsidiennobsidienne. Le mot seul me fait tourner la tête. Mon Obsidienne.

Je textote à la bande TgrosseB. Viagra. Celui de Marlene. Je marche un peu plus. La tête trempée.

Ça vibre. C'est Obsidienne. Obsidienne a des speeds. Mais je m'en tape de ce qu'elle a. Mon portable chauffe dans ma main. Le sang bat dans mes oreilles.

Dans l'univers de la bande, peu importe d'être homme ou femme. Ou quoi que ce soit entre deux. On partage les drogues. On partage les corps. On fait des raids artistiques. Et, au fait, il y a aucun membre de la bande qu'a pas couché avec tous les autres membres de la bande.

Enfin.

Sauf moi.

Je suis... j'ai...

Écoutez, on peut en parler une seconde ? Vierge peut signifier plein de trucs. Je me suis jamais fait la totale. Appelez la police ! En fait... j'ai... disons que quand ça vire un max obscène, je suis tétanisée. Sourde. Muette. Ou je tousse. Bon d'accord, je tombe dans les pommes.

C'est pourtant pas faute d'avoir essayé.

Prenez la bite par exemple.

Pourquoi on en fait une montagne, du sexe avec la bite ? J'en ai connu un paquet, de bites. J'ai vu celle de mon père. Bouh. J'ai sucé celle de Monsieur K. J'ai vu celle de Little Teena – qu'a un gros clou en argent planté dedans –, j'ai vu celle de Marlene – toutes les deux en pleine érection, et soigneusement planquées pour les soirées de filles. Ça fait quand même un paquet de zobs pour une vierge. Mais imaginer qu'une queue entre en moi ? Ça fait froid dans le dos... je meurs.

D'accord. C'est pas qu'une question de bite.

Fait chier. Je veux pas en parler.

Vierge ça veut aussi dire mère de Jésus, que je sache.

Et aussi un insecte femelle qui produit des œufs sans être fécondée. Je l'ai googlée. Et v'lan dans les dents !

Alors oui, je suis vierge, bordel. Ce qui rend super furax. Être en colère, ça me fait aller mieux. Je sais pas. Je me sens mieux quand je suis en rage.

Ça vibre. La bande est en marche.

J'arpente la ville. Sac à dos noir écouteurs noirs sweat à cagoule noir pantalon moulant noir bracelets en cuir noir DOC MARTENS ROUGE POMPIER. Je monte la colline d'un pas lourd au rythme de *X*. La pluie touche à peine mon crâne. Ce jean m'excite toujours quand je monte la colline pile comme il faut. Chante, Exene. Crémeux. Je colle ma main dans mon sac Dora. Je suis en position « enregistrement », en train de glaner les bruits de la rue. Je suis une tête, un corps, une technologie. Je suis ma propre histoire en marche.

Mais pas seulement. Donnez-moi un V, un I, un E, un R, un G et un E. Je déteste ma chatte. Je déteste ma voix. Je déteste ressentir quoi que ce soit sur moi. Je me magne le cul direction Nordstrom.

Au rayon sous-vêtements de Nordfoutre ils sont tous là – pas debout ensemble, mais éparpillés dans les coins et recoins du rayon lingerie. Little Teena, un sacré morceau – 141 kilos – de rouquin gay et joliment coiffé. Ave Maria, blonde aux cheveux longs filasse, poignets fins comme des piquets de tente – l'icône boulimique de notre enfance. Doit son nom au fait qu'elle atteint, quand elle jouit, un registre suraigu qui vous fait croire aux saints. Et puis il y a Obsidienne, avec les cheveux les plus noirs et les plus longs du monde qui tombent en cascades éternelles sur son œil droit. Mon désir. Ça vibre, mais c'est pas mon portable.

Ah, et votre serviteur : Dora l'Exploratrice. Vierge pathétique qu'en pince sévère pour une fille portant le nom d'une pierre vitreuse noire.

Obsidienne est amérindienne. Dans la réserve de Cœur d'Alene où elle a grandi, son beau-père alcoolo l'a battue comme plâtre avant de s'inviter dans sa chambre et de la violer. Aujourd'hui elle porte autour du cou un éclat d'obsidienne tranchant comme un couteau – au bout d'une lanière de cuir. Je crois qu'elle pourrait tuer quelqu'un avec, s'il le fallait. Des fois je me demande si elle l'a pas déjà fait. Elle parle pas des masses, mais dans ses yeux il y a la guerre. Ça me donne envie d'avoir un cheval. Une hachette. Des peintures de guerre.

C'est un mensonge. C'est mon fantasme de nous ensemble – traversant à cheval les plaines d'un pays dans ma tête.

Alors j'ai pas besoin de penser à la pauvre crétine de touf dérangée que je suis. V, c'est pour vierge. Mes yeux piquent, ma gorge est serrée et je pince la mince peau de mon cou pour me réveiller. Je m'enfonce dans le Nord. *Arrête de gémir, espèce de gonzesse.*

Au rayon culottes, la vendeuse maigrelette aux cheveux blonds laqués bat l'air de ses cils stupides et darde ses yeux sur chacun de nous. Elle flippe tellement qu'on lui pique des trucs qu'elle regroupe les culottes qu'elle est censée plier pour la vitrine. Ça me fait juste du bien de la détester. « Attention aux entrejambes », je murmure en l'effleurant.

En fait c'est une partie de cache-cache pour poivrots. Little Teena a planqué trois boutanches de vodka dans le magasin. Faut qu'on les trouve et qu'on les siffle avant qu'un de ces gros nazes de vigiles le fasse. Si on en trouve une, on boit et on la replanque. Croyez-moi. Une fois les bouteilles ouvertes, c'est de plus en plus facile de les trouver. En plus on peut asperger les fringues avec pour laisser une petite trace. Ma mère disait toujours que la vodka est sans odeur. Mais c'est du vent. Ça explique pourquoi elle sentait souvent comme de l'Estée Lauder au concombre. Bon propre sain frais. Ah, les jeunes de nos jours ! Ben quoi ? Vous préféreriez qu'on aille voir sur quels sites porno vous surfez ? Ou qu'on hacke votre e-mail ? Au fait, qui c'est que vous appelez une « ado perturbée », monsieur et madame Pharmazombie ?

Obsidienne et moi on trouve la première bouteille fourrée dans le débardeur d'un mannequin châtré rayon VÊTEMENTS POUR HOMME. On lui laisse la braguette ouverte et on rampe sous un grand portant circulaire. On boit. Ça sent le Martini Denim. Mais dans l'univers des jeans, je sens aussi la peau d'Obsidienne. Quelque chose entre la pluie et les arbres. Je fixe le côté de son visage où tombent ses cheveux. Je la fixe si fort que mon œil se contracte. J'essaie de la humer.

Une fois qu'on s'est envoyé quelques shots, Obsidienne dit : « Tu la mettras où après, la bouteille ? »

Comme elle voit pas à travers ses cheveux, je dis : « Dans toi », en souriant rouge pivoine. Ma peau me gratte. Je tousse. Je vois des étoiles. Elle rit. Je fais un vœu. Bien qu'on se soit léché la poire à gogo et que j'aie traîné avec jubilation, comme une sangsue, sur son autre bouche, on n'a pas... j'ai juste...

Elle se tourne vers moi pour me faire face et je ne peux plus la regarder. Elle ferme les yeux et dit : « Embrasse-moi, Dora. » J'essaie de ne pas lui donner de coup de boule avec la force de mon visage allant vers le sien. Je l'embrasse. Je l'embrasse encore et encore. J'essaie de ne pas lui mordre les lèvres. Elle a le goût de vodka au miel.

Ensuite elle plaque ses poumons contre moi à l'intérieur du grand portant circulaire de jeans, me fait tomber contre le sol du Nord, s'allonge sur moi, m'embrasse, et j'espère mourir dans la seconde. Ses cheveux tombent sur mon visage, sa peau, pluie et arbres, ses hanches contre mes hanches, sa dague de pierre noire se balance et touche le creux de mon cou. Que sa pierre me poignarde et me tue. Pitié, qu'on me laisse mourir ainsi. Je tremble, je halète et je pleure presque.

C'est à ce moment-là que ça arrive. Comme ça arrive chaque fois, bordel, chaque fois. Je suis tétanisée. Mes hanches, mes jambes, mon entrejambe. Je vois des étoiles en feu d'artifice, puis des marbrures grises, des blanches.

Ensuite Obsidienne me dit : « Dora ? Reviens, ma chérie. Ça va aller, reviens. » Me caresse la joue et me soulève jusqu'à me dodeliner comme un marmot. Merde. Je ferais mieux de continuer à sucer mon pouce.

Elle me berce un moment puis recule, ensuite on reste assises là, aucune de nous ne sachant quoi dire. À propos de moi. À propos de mon... truc. On avale une autre lampée de vodka. On gobe des speeds.

Après, elle prend une grande bouffée d'air et se tourne vers moi genre y a pas mort d'homme et dit : « Alors, où est-ce qu'on la met à ton avis, maintenant ? » Je fourre ma honte au fond de ma gorge. Plus bas encore. Je tousse. Je ris. Je me roule en boule. Je remonte à la surface.

« Pourquoi pas au rayon COSMÉTIQUES ? je suggère. On n'a qu'à courser une ou deux de ces nanas débiles qui vous aspergent de parfum et les baptiser d'eau bénite par-derrière.

— Super idée », dit-elle, et on décolle.

Si seulement je pouvais me mettre une droite ! J'enfonce le moi craignos si profondément qu'il se retrouve dans mon slip.

C'est à peu près à ce moment-là que ça arrive. En descendant d'un étage l'escalator du Nord, on voit Little Teena qu'a pris les commandes du piano à queue. Il balance du Bach à tous les clients – perplexes – du magasin. Little Teena n'est pas trop dans le genre du Nordstrom, assis là avec ses cheveux roux bien roulés en banane, son embonpoint débordant entre son blouson de cuir noir et le bord de son jean, ses bagouses de foire ornant chacun de ses doigts. Mais quand il passe de Bach à Great Balls of Fire, on attire l'attention de la milice de Nordfoutre.

« Une bouteille ! » hurle Little Teena, brandissant une de ses mains embijoutées, et je lui en lance une. C'est quand même la classe internationale la façon dont il joue d'une main tout en s'étirant comme la statue de la Liberté pour rattraper la bouteille au vol.

Toujours en jouant d'une main, et ne s'arrêtant que pour écluser de la vodka, Little Teena donne aux lieux une touche de pure joie homo ado.

Ave Maria commence à danser et balance un contre-*ut* sans crier gare. Ses cheveux blonds filasses volent littéralement. Direct je commence à enregistrer. Obsidienne hurle : « Je fais des courses, donc je suis ! » toutes les deux ou trois secondes. C'est comme si on m'avait sauvée. De moi-même. Je suis si contentefuraxdéfoncée que j'ai l'impression qu'on m'a envoyée en fusée dans l'espace.

Je fais alors la seule chose raisonnable : je défais mes Docs. J'enlève jusqu'au moindre vêtement (je garde mon sac à main bien sûr) et je m'inonde de vodka. Obsidienne commence immédiatement à me lécher les bras. Bizarrement je m'évanouis pas. Une vieille teigne laisse tomber son sac Nord et soupire en disant : « Marie, mère de Dieu ! » Un vendeur de pompes coincé arrive rapidos, mais s'arrête à distance, fait les cent pas. Ensuite débarque une nuée de types avec des pantalons bruns et des petits talkies-walkies noirs – genre l'équipe des brutes de Nordstrom – et tout le monde se disperse. Tout le monde, bien sûr, sauf moi, la seule fille nue. Ma peau me fait mal. Je suce mon biceps. Vodkapeau. Re-née. Furieuse. Super.

Un des pantalons bruns prend un manteau sur un portant à côté et le met sur mes épaules. Ha ! Putain, c'est un imper ! Je dis : « Tu vas regretter ta prochaine paye, mon pote ! » mais il m'évacue déjà en me tenant les épaules.

Au bout, tout au bout d'un couloir de service.

Tout au fond des boyaux de Nordfoutre – dantesque...

Vers un box blanc pour les voleurs à l'étalage, avec une télévision à circuit fermé fixée au mur. C'est pas la gonzesse qu'est là. C'est celle qu'est dans l'action et qui s'excuse pas. C'est Dora. « Oh là, je dis, c'est une vidéosurveillance à deux balles, que vous avez là. Elle date de quand, 1973 ? »

Ils parlent sans me regarder. Mais on me la fait pas. C'est pas grave. De toute façon, j'ai rien volé, je me suis juste fait un délire d'ado. J'ai eu la grande audace d'enlever mes vêtements à l'intérieur d'un empire du vêtement. Mais je suis mineure, alors laisse tomber. Je vous l'ai dit, je suis pas une criminelle. Me voilà de retour.

Ils me demandent mille fois comment je m'appelle et je réponds : « Dora. » Je lève mon sac à main, j'agite la petite fille de dessin animé vers eux et je la montre du doigt. Ils manipulent le Zoom H4n – qui enregistre quatre pistes simultanément. Ha ! Ils fouillent mon sac à dos pour trouver une pièce d'identité, mais quel débile se trimbalerait avec sa pièce d'identité, de nos jours ? Enfin bon, ils trouvent le Viagra. Le Viagra de Hakizamana Ojo. Du Rwanda. Qu'au début ils sont infoutus de prononcer, bien sûr. Les teubés.

« Qui est Haykeezeeman-euh-Oj ? » Ça n'a pas de prix. Je corrige leur prononciation. Ils me le répètent. Je jette un œil au Zoom H4n – et ouais, il est posé sur la table, il enregistre toujours. Ça va nous faire un joli riff : Qui est Hakizamana Ojo ? Qui est Hakizamana Ojo ?

Finalement je crie : « Hé, c'est ma mère ! » Ils me regardent, sceptiques, et baragouinent dans leur talkie-walkie. « Puisque je vous dis que c'est ma mère ! » je continue de beugler. La bande-son de cette petite fête vient de monter d'un cran.

Ensuite ils sortent mon sweat Pixies à capuche noir. Ils le zieutent comme si c'était une bête morte. Passons. Ah, les ballots. Bien sûr ils sortent le bouquin de Marlene – *Physiologie de l'amour*, de Mantegazza, et le regardent – c'est dire les macaques que c'est. Ils ont pas intérêt à déconner avec. Après ils sortent une cuillère. Ils la mettent sous mon nez comme si elle avait un sens. Moi : « Ben oui, ça s'appelle une cuillère. » Alors l'un d'eux la porte à son nez et la renifle. Ha ! Faites-moi confiance si je vous dis que c'est pas ce à quoi il s'attend. Je vous expliquerai plus tard. Ensuite le même gars fouille au fond et sort un petit truc. J'avais complètement zappé qu'elle était là. Une carte de visite. Celle d'un psychiatre. Le Dr Sig.

« Qui est-ce ? qu'ils demandent et redemandent. Avez-vous un lien avec cette personne ? »

Je les regarde et cligne des yeux le plus lentement possible. Un des pantalons bruns a une tache de gras au niveau des cuisses. Ça vient du déjeuner, sans doute.

Où est-ce qu'ils les dégotent, ces mecs ? Et pourquoi ils ont toujours de longues pattes ? Bizarre. Le plus grassouillet des pantalons bruns brandit la carte du Dr Sig entre nous. Ce qu'il faut dire devient super évident d'un coup.

Je souris et me lève, laissant tomber l'imperméable au sol. Je mets ma cagoule. Mais je reste sans falzar.

« Ça, les gars, c'est mon pater, je dis rêveusement, à votre place, je l'appellerais. »

6

Inutile de dire que mes vieux étaient furax de l'épisode Nordfoutre.

Le père est rentré en batmobile et s'est servi direct un whisky – sans doute pour s'enlever de la bouche le goût de madame K. La mère pose ses cuillères une seconde, agite les mains et beugle comme un veau – comme quoi j'ai encore fait une scène en public – comme quoi c'est les flics qui m'ont ramenée à la maison – comme quoi elle pourra plus jamais aller faire ses courses à Nordfoutre. Le père lui dit, je cite : « Du calme ! Tu vas te calmer, oui ? Donne-moi une petite minute pour décompresser de ma journée avant de me dire que le ciel nous tombe sur la tête. » Je suis debout dans l'entrée. Si au moins j'avais du pop-corn ! J'aime bien leurs petits drames. « Ida, va dans ta chambre », dit-il la voix pleine de rien. Ida, tu vas dans ta chambre ! Putain. C'est du lourd.

Pour être franche avec vous, je ne pensais pas que ça se faisait encore d'être « privé de sortie ». C'est tellement... rétro. D'habitude je me contente de passer par la fenêtre et de descendre l'escalier de secours, mais ce soir je me sens plutôt... je sais pas, disons casanière.

À la maison, dans ma chambre, mes murs sont trop bien. Lou Reed. Exene. Siouxsie Sioux. Kurt Cobain. David Bowie. Nico. Vous le saviez, vous, que Nico parlait quatre langues couramment ? On l'entend pas des masses, ça. Classique. C'est Marlene qui me l'a dit. Je m'allonge sur mon lit. Je regarde mon plafond. Guettant une fissure qui ait un sens.

Dans ma chambre j'écris des lettres sur les murs. Cachées sous les posters. Avec un marqueur violet. Aujourd'hui j'écris sous Nico.

Ce que j'écris ce sont des lettres Cher Francis Bacon. Francis Bacon le peintre. Vous savez, le mec qu'a peint le pape en train de hurler, de fondre. Sans doute le plus cool des peintres qui soient. Pourquoi ? Les visages, sans doute. Les visages qu'il peint donnent l'impression d'être tout sauf immobiles. C'est si intense. Marlene m'a donné un livre géant de Francis Bacon il y a un an et j'ai failli me pisser dessus. Ce Francis Bacon a compris comment étaient les visages. Exemple. Quand quelqu'un s'approche de quelqu'un d'autre pour lui lécher la poire. Son visage ressemble à une peinture de Francis Bacon. Sans rire. Je le perçois trop bien. Un visage qui pourrait aussi bien se déformer ou exploser. Sous Nico j'écris : « Cher Francis Bacon : Mon visage est troué de Je. »

En fait je fabrique un livre à partir des murs de ma chambre. Quelque chose à déchiffrer pour mes géniteurs quand je ne serai plus là. Un jour mes géniteurs traverseront le tapis violet à longues mèches et entameront le processus de décollage des posters de leur fille lors d'un réagencement décoratif – mon père veut un bureau à la maison, ma mère une putain de pièce pour ses travaux manuels – et c'est à ce moment-là qu'ils trouveront mes mots. J'étudie mon œuvre.

Ensuite je sors le nouveau bouquin que Marlene m'a donné – *La Physiologie de l'amour*. De Mantegazza. Pourvu que les macaques de la galerie commerciale n'aient pas bavé dessus. Je l'ouvre.

Ouais. C'est en italien, donc. Mais c'est pas ça qu'est cool. Ce qu'est cool c'est qu'en dessous de chaque ligne, et quand je dis chaque ligne c'est chaque ligne, il y a une autre ligne. Au crayon. Pour chaque ligne du bouquin. Traduit par Marlene. Qui, comme Nico, connaît quatre langues. Les lignes de Marlene, sous toutes celles de Mantegazza. Elle l'a peut-être réécrit en partie.

Le deuxième truc trop cool, c'est la citation de Mantegazza qui ouvre le livre. Qui donne :

Aux filles d'Ève, puissent-elles apprendre aux hommes
que l'amour n'est pas lubricité ni simonie de volupté,
mais une joie qui demeure en la région la plus élevée
et la plus sainte du paradis terrestre,
puissent-elles en faire la plus élevée des récompenses
de la vertu, la plus glorieuse conquête du génie
la première force du progrès humain

Je ferme le livre et le tiens contre ma poitrine. Filles d'Ève. Grave. C'est moi. Je ne vois pas Ève comme une pauvre conne qui s'est fait piquer par un serpent. Pour moi, Ève, elle envoie du bois. Je pense qu'elle a montré à Adam ce qu'il fallait faire avec sa bite, et que sans elle il serait en train de l'enfoncer dans un trou de maille, un cul de chèvre ou un rémora. Sans Ève, Adam n'est qu'un mec planté là, sa bite à la main. Filles d'Ève. Dément comme nom pour un groupe de musique.

Et l'amour : *La plus glorieuse conquête du génie, la première force du progrès humain.* Putain, ouais !

Je roule sur le côté et regarde le plafond. Il y a une fissure dans le plâtre en forme de vagin. Sérieux. Sous le signe de la fente, je me sens carrément rêveuse avec le gros bouquin de Marlene. Obsidienne et moi. Obsidienne Obsidienne Obsidienne Obsidienne. Filles d'Ève. Je me redresse, je prends le marqueur violet et j'écris la citation de Mantegazza sur le mur de ma chambre. Sous Nico. Vibration. J'attrape mon portable qu'était dans ma poche arrière où il faisait bourdonner mes fesses. « Obsidienne ? » Négatif. C'est Marlene.

Elle dit : « Ma côtelette d'agneau ! Comment tu trouves ce bouquin ?

— Il fait rêver. Je suis une fille d'Ève ! » Elle envoie son rire de gorge. Même à travers un portable c'est quelque chose. « Je viens juste de le commencer. C'est trop top. » On parle un moment et on se met d'accord, je passerai chez elle le lendemain pour parler du bouquin. J'ai soulevé Nico à nouveau et écrit « Côtelette d'agneau » au marqueur violet.

Eh oui, moi emprisonnée dans la boîte de fille écrivant comme une furie. Mais je fais pas que ça dans la boîte de fille. Je guette le cinéma familial. L'électricité du ménage. Mon père ressemble un peu à Daniel Day-Lewis, alors c'est facile de l'imaginer interprétant un type sérieux, vertueux et naze dans un film historique naze. Ma mère ressemble un peu à Catherine Deneuve. Enfin si Catherine Deneuve avait le regard vitreux des antidépresseurs et des cocktails du soir. Je guette les heures. Le bourdonnement des appareils ménagers dans l'appart.

La seule autre chose que j'entends dire par mon père tard le soir, c'est : « J'ai du travail en retard. »

Et ma mère répond, d'une voix qui, je dois l'avouer, est bellement remplie de clous minuscules : « Tu la savoures, la façon dont ton travail te soustrait du foyer. » Puis la porte se claque. Puis j'entends le bruit d'une bouteille qu'on ouvre. Vodka ? Whisky ? Courvoisier ? Dans quoi on se noie ce soir, maman ? Je ne lui jette pas la pierre. Si je me retrouvais piégée dans une espèce d'enfer domestique avec uniquement des objets de gens riches à récurer pendant que mon coureur de jupons de mari est en virée pour ses escapades nocturnes... je me gaverais de médocs. Ou je me saborderais. Pour de bon.

J'ouvre un poil la porte de ma chambre pour l'espionner. Ah. Bon, j'approuve. Elle est partie avec la gnôle préférée de Jim Morrison. Éclate-toi, mère. Dans cette maison on est nés, dans ce monde on est propulsés. On dirait... on dirait littéralement qu'elle se dissout dans le fauteuil. On dirait une peinture de Francis Bacon.

Elle n'a pas toujours été dissoute. Ma mère, j'entends. Elle était méchamment intelligente. Lisait toutes sortes de bouquins. Et était pianiste concertiste. Quand ils se sont mis ensemble. Apparemment. C'est pour ça qu'un demi-queue vit sous le même toit que nous. Mais je l'ai jamais entendue jouer. Quand je suis née, elle a fait une sorte de dépression. Après, quand j'ai eu dix ans, elle a avalé un flacon entier de somnifères. Je me rappelle avoir regardé mon père la giflant pour la réveiller. Je me rappelle de quoi elle avait l'air allongée sur le parquet, le corps en « s ». Je me rappelle être allée dans la salle de bains, avoir mangé du papier toilette et avoir pleuré.

Après elle est plus ou moins devenue la meilleure pour tout faire reluire. Le demi-queue ? Silencieux, mais impeccable.

Quand j'avais cinq ans... Seigneur, est-ce que j'ai eu cinq ans un jour ?

J'ai cinq ans, ma mère et mon père m'ont endimanchée comme une petite fille modèle d'une robe en velours noir et de souliers vernis, et mes cheveux sont longs, blonds, noués d'un magnifique ruban en satin noir. Je ne sais vraiment pas de quoi j'ai l'air aux yeux des autres adultes autour, mais je prie le ciel pour être « jolie ».

On assiste à l'une des représentations de piano de ma mère.

Mon père et moi on est assis dans des fauteuils de velours rouge, dans le « public ». Les yeux de tout le monde sont sur ma mère. Le cœur de tout le monde est sur ma mère. Tout le monde est tourné vers elle, son visage, son corps, ses mains, attendant d'être satisfait. Son dos est droit et fort. Ses cheveux sont enveloppés, emballés, enroulés dans de grandes volutes de chignon banane. Sa robe du soir, en soie blanc cassé et mousseline, dévoile ses épaules qui me font penser à des perles. Tout le monde retient son souffle.

Personne n'est tout le monde plus que moi. J'ai chaud sous mon velours noir, ça me gratte un peu et c'est vrai, il faut que j'aille faire pipi, mais je suis aussi en manque. Je la mangerais. Je veux remonter cet instant en courant, ramper jusqu'à ses genoux, enfouir mon visage entre sa mâchoire et sa clavicule, et téter son épaule.

Quand ses mains se lèvent pour retomber sur le clavier, que les premières notes résonnent, c'est comme si je mourais. Je commence à pleurer.

Mon père, doucement, si doucement, pose la main sur ma jambe et chuchote : « Ça va aller, ma chérie, ça va aller. » Il met son bras autour de moi. Il a raison, ça va aller, mais cinq ans d'âge ne peuvent pas contenir tout le plaisir, la fierté et le bonheur, alors maintenant je ne me contente pas seulement de pleurer, je fais pipi, juste un peu, pas suffisamment pour que ça vire à la scène, mais suffisamment pour évacuer une partie de la pression de cette chiennerie d'amour maternel.

Elle est belle. Elle joue du france chou beurre.

Elle est belle elle est belle elleestbellebellebellebelle !

Quand elle a fini de jouer du france chou beurre, je ne peux plus me retenir, je sors d'un bond de mon fauteuil en velours rouge délicatement ombré de pipi de fille, je me faufile à travers les gens tirés à quatre épingles qui applaudissent, je cours jusqu'à la scène et je rampe sur ses jambes, ses genoux, dans son giron. Elle rit, les gens applaudissent et elle m'embrasse, m'enlace, et je pose un petit peu ma bouche sur une de ses épaules, je vais presque téter son épaule, puis on se lève toutes les deux, elle me tient la main, me regarde sourire, me fait signe et miraculeusement je sais quoi faire.

On salue.

Ensemble.

Je rentre son numéro dans mon portable. « Bonjour, dit-elle.

— Bonjour, je réponds.

— Ida, dit-elle.

— Mère, je réplique.

— Ida ? elle demande.

— Oui, mère ?

— Tu veux me dire quelque chose ? elle demande.

— Je... voulais juste te dire bonjour, je crois... » Je fixe le plafond.

« Bon d'accord, elle dit, d'une voix à peine audible.

— Salut », je fais, mais elle est déjà partie.

Je glisse mon portable dans ma poche arrière. Je regarde la fissure-fente au plafond. Je fouille dans mon sac à dos et en sors une cuillère. Ouais, vous savez à qui est cette cuillère. Je mets la cuillère dans ma bouche pour la lubrifier.

Je ferme les yeux.

Je me représente Obsidienne. Sa chevelure noire comme un disque vinyle tombant sur mon visage. La pierre de son collier plantée dans mon cou. Ensuite j'ouvre la fermeture Éclair de mon pantalon, je descends mon slip et avec la cuillère me frotte la languette jusqu'à ce qu'elle soit rouge. Je suis une fille d'Ève, putain.

Vertige.

Blanc.

Vibre.

Je prends mon portable dans mon sac à dos, le pantalon au niveau des cuisses. « Obsidienne ? » je fais. Silence. « Obsidienne ? »

Mais c'est juste mon cul à moi qui m'appelle.

7

À certains rendez-vous je mens, à certains je drague et à d'autres je boxe. Avec le Sig.

Réfléchissez. Les psychothérapeutes, ils sont grave obsédés par les secrets les plus enfouis, quoi qu'il arrive, alors plus on ment, plus ils sont contents. Ça leur donne l'occasion de *fouiller. Pénétrer.* Faire de drôles de gestes. Écrire des conneries. Ce lien médecin-patient, en arrière-plan, est totalement porno. On balance ses tripes, on chiale sa race et pendant ce temps ils vous « paternent ». Putain. Je vois pas bien en quoi c'est différent de madame K, le cul à l'air dans le bureau de mon père. Voire. Je suis sûre que le mot pour ça, c'est la subjugation. C'est Marlene qui me l'a appris.

Tout ce que je dis c'est que, si on prend pas le dessus sur ces trucs-là, on se fait baiser.

Enfin... aujourd'hui Sig insiste dangereusement pour que je parle de mes trous de mémoire, alors là on va enlever les gants. Faut croire que c'est le seul aspect de mon histoire qui l'intéresse. L'obsédé. Mais putain faut pas compter sur moi pour que je dise quoi que ce soit sur Obsidienne. Jamais de la vie. Peu importe ce qui sort de son petit sifflet, je garderai la main, putain.

Dans sa petite tanière confortable de menteur.

Avec ses tapis orientaux et des bouquins du sol au plafond.

Moi la fille sur le divan. Jupe de catho avec des boucles argentées.

Lui dans son fauteuil à dossier en chapeau de gendarme. Chino et chemise boutonnée bleue. Veste sport en tweed. Nan, je déconne pas.

Fille sexy dans la tête d'un homme.

On se prépare pour la bagarre.

On échange les coups un bon moment sans qu'aucun des deux n'aille au tapis. Faut lui reconnaître cette qualité – il est tenace. Il martèle l'adversaire de grands mots, toujours les mêmes, jusqu'à ce que ça semble vrai. Étrangement, les grands mots sont hypnotisants. Par exemple, neuropathologie. Psychosomatique. Paramnésie. Si vous n'êtes pas à la hauteur, il vous persuade vraiment que vous ne savez pas qui vous êtes.

Pour être sûre que je me fais pas piéger, je fixe la pendule derrière sa tête. Figurez-vous que c'est un coucou. Sauf que le coucou ne sort pas comme il est censé le faire. Il sonne les heures et demi-heures, mais pas l'ombre d'un petit oiseau !

Il dit : « Certaines psychopathologies naissent lorsque la psyché est en état d'excitation. » Il est 16 h 30. Le coucou fait son truc. Je me lève et marche jusqu'à lui. Je tends le bras et pousse la petite porte. Il est coincé dedans. Je monte sur une chaise, je fourre mes doigts dans la fente et j'essaie d'attraper ce petit con.

« Inutile, dit Siggy, il est coincé.

— Alors pourquoi vous gardez ce putain de coucou cassé ? je demande.

— Nostalgie. Il vient de Vienne. Ma mère me l'avait offert. Il donne quand même l'heure. »

Je comprends la nostalgie. Je me rappelle avoir entendu du piano avant de savoir parler. Mais je l'ai jamais vu en vrai. Je me rappelle l'odeur de l'after-shave de mon père – quand il me hissait sur ses épaules –, je me rappelle comment je voyais le monde, perchée sur mon père. Je me rappelle moi riant avec sa tête entre mes jambes de petite fille.

Je me cale au fond du divan, face à lui, mais je garde les yeux fixés sur la porte du coucou coincée. Siggy ne tient pas en place aujourd'hui. Il s'emballe, croyez-moi, peu à peu sa voix devient légèrement plus aiguë, plus tendue, comme si quelqu'un l'étranglait lentement.

Du coup quand il dit : « Ida, votre hystérie n'est pas sans lien avec l'excitation sexuelle », je détourne immédiatement les yeux du coucou flingué avec son oiseau coincé au niveau du cou et j'uppercute d'un : « La vache, ça veut dire que c'est à cause de mon frifri que je suis dingo ? Vous aussi, ça vous rend dingo ? Vous savez, quand votre petit homme salue avec *une goutte qui perle* au bout de sa petite tête ? »

Faut avoir son artillerie sous le coude. Je vous l'ai dit, un sournois, le gars.

Ensuite je fais quand même un mauvais pas. Je lui parle par hasard de ces boucles en perle que mon père m'a montrées, qu'il comptait m'offrir et qu'il a fini par offrir à madame K. Je le sais parce que je l'ai vue avec quand on est tombés sur les K dans un resto. J'ai pas la moindre idée de pourquoi je lui dis ça. C'est sorti tout seul quand j'ai dit « une goutte qui perle ». Bordel de merde.

Mais on ne peut pas se contenter de *dire* des choses au cabinet. Il se penche carrément en avant dans son fauteuil à dossier en chapeau de gendarme, pointe son petit stylo noir vers moi et dit : « Bijoux de famille. Ces boucles d'oreilles que votre père a offertes à son amoureuse et non à vous. Les bijoux de famille sont un symbole sexuel de ce qu'il lui a donné à elle et non à vous – son affection. » Ensuite, des bijoux de famille par-ci des bijoux de famille par-là, des bijoux de famille dégoulinant de partout.

Pour finir je reprends le contrôle de la situation et lui envoie un direct du gauche : « Merde, Sig, vous pouvez même pas faire une phrase sans mettre votre queue dedans ? *Bijoux de famille* ? Vous êtes sérieux ? Quand vous vous baladez, dans la vie, et que vous voyez des femmes avec des boucles d'oreilles, c'est à ça que vous pensez ? Que leurs boucles bling bling dégoulinent de... ouahhhhhhhh. Ben dites donc ! Ça fait ado qui rêve d'envoyer la crème. Vous avez dix-sept ans ou quoi ? »

Il réplique d'un « Ida, votre incapacité à admettre la jalousie ressentie envers l'amoureuse de votre père crée une crise de conscience. » Oh. Un but à zéro. Ça me plombe un peu la lèvre. Madame K a une particularité. Son cul est... inoubliable. Si blanc. Si gros. Comme une lune fendue. Je reste silencieuse une seconde dans le divan en face de lui. L'amoureuse de mon père. Un cul façon grosse lune blanche fendue.

Mais il n'est pas question qu'il remporte ce round. Je balance à Sig le regard de la mort qui tue et j'ouvre les jambes assez grand sur le divan pour lui montrer furtivement un peu de touffe adolescente, avant de me lever et traverser la pièce comme une fusée. La culotte, je la mets en cas de force majeure. Faut toujours garder un atout dans sa manche, ou ailleurs...

Il laisse tomber son stylo au sol et tousse. Tousse. Beaucoup.

Y a un truc qui lui reste en travers de la gorge. Il fixe ses cuisses et les frotte vivement. Fais gaffe à pas foutre le feu à ton falzar.

Envoie, vieil homme.

J'arpente son cabinet en touchant des trucs, en scrutant ses réactions de plus en plus anxieuses.

« Hé Siggy ! je dis. Pourquoi elle vous intéresse tant que ça la tepu de mon père ? Hein ? Vous lisez vos notes le soir en vous astiquant le manche ? Ou bien vous mettez tout ça noir sur blanc pour en faire un best-seller ?

— Ida. » Il utilise le menton bas-voix rocailleuse. « Ces discussions ne forment pas le matériau de quelque... roman à clef. »

Je m'arrête net dans ma trajectoire. Ça pourrait être intéressant. « C'est quoi ce roman à clef, bordel ? » je dis, avant de continuer à arpenter son cabinet.

Il soupire comme si tout ça l'agaçait beaucoup. Mais je le connais. Il adore répondre à mes questions. « Un roman à clef est un roman avec une clef. Autrement dit, un roman qui s'inspire des vraies gens de la vie de l'auteur. Avec des noms modifiés.

— Donnez-moi un exemple.

— *Jane Eyre*, de Charlotte Brontë. Ou *David Copperfield*, de Charles Dickens. »

Je le fixe, mâchoire serrée, bras croisés sur la poitrine. Tout sauf impressionnée.

« C'est un roman avec, au centre, une sorte de... secret. Le secret est la vie de l'auteur, enchâssée dans la fiction. »

Je réfléchis à la question. « Est-ce que *Sur la route* compte ?

— Je vous demande pardon ? »

Bouffon. Me dis pas steuplé qu'avec ces flopées de bouquins aux murs, tu sais pas qui est Jack Kerouac. « Vous savez, Jack Kerouac ?

— Ah. Oui, sans doute. Et pour répondre à votre question précédente, la psychothérapie n'est pas un roman.

— Mais vous m'avez dit un jour que vous écriviez... comment ça s'appelle... des études de cas. C'est quoi ?

— Un exposé clinique des pathologies des patients.

— D'accord. » Je claque des talons comme Dorothy, je ferme les yeux et récite : « On n'est jamais aussi bien que chez soi » plusieurs fois de suite. Je sais pas pourquoi. Une envie, comme ça. Je m'arrête, j'ouvre un œil et je le zieute méchant une seconde. « Alors vous prenez pas la vie des gens pour en faire des bouquins ? Avec des noms différents ? »

Il tousse un peu plus. Il m'a l'air un poil asthmatique. J'entrevois une brèche. Je fais des bonds de cabri.

Il dit : « Ida, vous voulez bien vous asseoir ? S'agiter ainsi est dénué de tout fondement !

— Merci Siggy, mais question fondement j'ai tout ce qu'il faut », je dis en tapotant mon cul de fille.

Il gratte quelque chose d'invisible sur sa poitrine. Toujours rester en mouvement, toujours. Ils ont horreur de ça. Ils préfèrent que vous restiez sur le divan.

Je fais des petits bonds jusqu'à la fenêtre, je tire le rideau et je regarde la rue. Si seulement j'avais une sucette !

« Y a-t-il quelque chose qui vous intéresse à l'extérieur ? demande-t-il.

— Non, je dis en regardant la rue, mais je parie que ça vous colle une bonne trique de voir d'ici le haut du crâne de vos patients. »

Il croise les mains en tendant les deux index, façon clocher d'église. « Ida, je ne vois vraiment pas où vous voulez en venir », grogne-t-il le menton bas et de sa voix « C'est moi le médecin ».

Je ne sais pas non plus, mais je veux bien attendre pour le savoir.

Je marche nonchalamment vers sa bibliothèque et fais courir ma main sur le dos de ses livres.

Il est assis bien droit. Ses sourcils tricotent. « Y a-t-il un titre qui vous intéresse ? » demande-t-il avec un peu trop d'espoir. Dans le genre nerdoïd, il se pose là.

« Ouais », je dis, en tirant un livre jaune clair, « ce Magnus Hirschfeld, c'est pas lui qu'on appelait "l'Einstein du sexe" ? Ça envoie, quand même ! Il se tapait des mecs, non ? » Je me tourne vers lui, agitant le bouquin dans l'air entre nous : « Vous vous tapez des mecs ? Siggy ? »

Tombée de sourcils. Mains entre les jambes. Lourd soupir d'irritation. Re-toux. But ! Je décroche un sans voix, sur ce coup-là.

Après, je marche avec décontraction jusqu'à son bureau, j'allume sa lampe et je le laisse parler un peu à mon dos. Bla bla blablabla refoulement refoulement refoulement. Blabla conscience-subconscientinconscient. Disque rayé.

C'est comme ça, mes amis, que je trouve la coke.

Pendant qu'il radote, je passe mon doigt avec ostentation le long de la surface de son bureau. Vous savez, ce vieux truc pour voir si c'est sale ou non. Dommage que j'avais pas une petite tenue de soubrette. Je plaisante. Mais quand je regarde mon doigt, il n'est pas sale. Il est blanc. Blanc poudreux. Subtil, mais réel. Quand on sait ce qu'on a sous les yeux. Quand je lèche mon doigt, je souris du sourire de la fille affranchie. Siggy ! T'es qu'un salopard.

Ben moi je dis que le Sigster, il est branché coco.

Bon d'accord. Il sait des choses sur moi, mais on peut y jouer à deux à ce jeu-là. Je tourne lentement sur moi-même et, au milieu de son fabuleux verbiage de petit malin, je remarque quelque chose qu'il n'a pas remarqué. Le doigt toujours dans la bouche, je dis, en regardant au mur juste derrière sa tête la pendule au coucou coincé : « Esscusez, Sig ! Notre temps de parole est écoulé. »

Groggy, que je suis sortie.

8

De temps en temps la mère d'Ave Maria, qu'est pleine aux as, nous « invite à déjeuner ».

Au dernier étage d'un immeuble méga naze du centre-ville. Environ une fois par mois. Je suis à peu près sûre que c'est la fréquence à laquelle Ave Maria voit son pourvoyeur d'argent. Mais ça m'est égal. La nourriture des gens riches est marrante à prendre en photo avec un iPhone et on peut piquer les boissons sur la table des gens quand ils se lèvent pour se soulager.

Mais attention : c'est alors qu'à l'autre bout du faux jardin d'intérieur au cœur du restaurant, genre mini-Eden mais sans le serpent, à travers les feuilles du ficus tout pourri, se dresse Sig. Il est flanqué d'un homme d'affaires doucereux avec des cheveux de furet et des yeux de furet. Comme ils nous tournent le dos, je peux le voir, mais lui ne peut pas me voir, alors je fais exactement ce que ferait toute patiente avec un brin d'amour-propre et en fâcheuse posture comme moi. Je fais comme si je devais aller pisser pendant que la mère d'Ave Maria descend son troisième martini-grenade. En catimini je sors le Zoom H4n de mon sac Dora et le noie nonchalamment dans les cailloux de la rivière au bas du faux Eden. Grâce à sa carte 32 Gb SD, il peut enregistrer pendant des jours. Ou jusqu'à ce que sa batterie lâche, au choix.

Personne ne regarde les filles comme moi dans des restaurants pareils. On est le genre de filles que les parents paient pour qu'elles passent la soirée dehors. Quoi que disent Sig et le Furet, ce sera dans l'audio.

Le déjeuner se passe débilement, comme d'hab... Ave Maria balance par-dessus son épaule des crevettes froides dès que sa mère poule regarde ailleurs... l'une d'elles atterrit même sur une vieille toupie dont les lobes d'oreilles sont à deux doigts de se décrocher à cause du poids des perles. Hé ! Les bijoux de famille ! Quand la crevette froide la touche, la vieille pie jette un œil furtif à la fresque du plafond comme si Dieu lui avait chié dessus. Je sirote un White Russian que j'ai étouffé à une table vidée de ses convives en revenant d'aller pisser.

La mère d'Ave Maria ressemble à un poisson-globe. Elle fait des bulles vers nous... nous parle de quelque chose... une chose liée à un voyage à l'étranger. Ave Maria va être envoyée à coup sûr en école privée, à des années-lumière du mot « famille ». Je regarde en direction d'Ave Maria. Elle plie et déplie sa cuillère, crachant ses propres bulles avec sa bouche.

Aussi souvent que possible, en douce, je zieute le Sig. La fouine d'homme d'affaires doucereux agite ses petites mains de rongeur. Les épaules de Siggy m'ont l'air voûtées. Et ses cheveux ont tout d'un nid d'oiseau. Il se met la tête dans les mains. Des mauvaises nouvelles ? Des bonnes ? Pas facile de décrypter les vieux. Les hommes âgés ont tous l'air de baudruches dégonflées, à mes yeux. Heureux ou malheureux, on voit pas la différence sur leurs visages. Ridés et vidés de leur substance.

Mais ensuite il se produit tout un drame.

L'autre type entre dans le restaurant. Ça ne me dérange pas de vous le dire, il est du genre à faire tourner les têtes. Littéralement. On le voit arriver à toutes les têtes qui se tournent les unes après les autres sur son passage. Le genre de type qui mériterait qu'on lui écrive une bande originale rien que pour lui. Il me fait carrément l'effet d'être le sosie de Paul Newman dans *L'Arnaqueur*. Que Marlene m'a fait voir. Nom de nom. Hyper sexy. On ne les fait plus, ces modèles-là. Cela dit, c'est kif-kif, ça pourrait tout autant être Steve McQueen dans *Bullitt*.

Quand ce mec marche, il marche lentement, une épaule à la fois. Ses mains font une sorte d'oscillation, pas comme les vôtres ou les miennes. Des mains précieuses. Il porte un manteau gris argent brossé, un pantalon noir et une chemise blanche impeccable. Pas de cravate. Tous les autres débilos présents en ont une. Pas ce mec. Cheveux argentés coupés très court. Mais ce qui me procure un zeste de joie, c'est de le voir entrer tout de go dans la scène du Sig. Il pose sa main précieuse sur l'épaule de Sig. Je sors mon iPhone pour court-métrager le truc.

Je donne des coups de pied à Ave Maria sous la table, je me lève et je fais « Hé, c'est lui. »

Elle regarde dans la direction dans laquelle je pointe mon iPhone. « Lui qui ? Ton grand-père ?

— Mon psy. »

Elle se tourne pour regarder. « Le mec sexy ou le vieux schnock ?

— Le vieux schnock. »

Ça, c'est quand Dieu fait vraiment de la merde.

Sig – Dieu bénisse son corps de ballon dégonflé – se lève, enlace l'autre dans cette étrange étreinte faux-cul des hommes entre eux, le fixe droit dans les yeux un moment, tangue légèrement et tourne de l'œil.

Eh ouais, vous avez bien lu. Le Sig tombe au sol comme une bûche.

Je sais. « Bordel de Dieu de bordel de Dieu », je dis en frappant Ave Maria dans le biceps.

« Dément », dit Ave Maria. Sa poivrote de mère rote et regarde autour d'elle en faisant une bouche de poisson tellement elle en revient pas.

J'ai brusquement envie de sauter à pieds joints et de crier « Herr Doktor ! » de tous mes poumons. Ave Maria est gagnée par mon excitation et nous envoie un de ses purs contre-*ut*. Je vous dis pas, j'en pisse presque dans mon falzar.

Le Sig... mon Sig... dans les vapes !

L'enfer s'abat sur le resto chic, alors que les serveurs-corbeaux descendent en piqué pour tout nettoyer. Facile de récupérer mon H4n adoré : je suis invisible. Incroyable, ce bol que j'ai. Je sais pas ce que ce furet a raconté à Sig, mais ça devait être quelque chose. Et qui que soit ce type aux cheveux argentés, il l'a fait se pâmer comme une fillette, le Siggy. Quelles que soient les images qu'a prises mon H4n, ça va être vraiment vraiment vraiment top. Je souris si fort que c'en est obscène.

Vous savez quoi ? Je m'en tape de la mixtape. La donne a changé. Ce que j'ai là est bien plus fort. Ça, c'est de la blague. Ce que j'ai dans les mains, c'est du lourd. Grave. J'ai un roman à clef. Et la clef, c'est Sig. Je ne fais pas une bande-son pour une rave party, je fais un putain de film. Sur lui.

Au moment où on quitte la pièce, la mère d'Ave Maria nous reconduit en douceur à la porte et Ave Maria envoie ses contre-*ut*, je me tourne vers les mangeurs de l'Éden une dernière fois, je gigote comme une damnée pour faire de l'effet, je hurle BOUM !

9

Dans la cuisine de Marlene je sors le Zoom H4n de mon sac Dora et je rebondis d'un pied sur l'autre comme une mongolienne. Je suis excitée. Excitée comme les gosses qui se réveillent et voient la neige. Le H4n est noir, avec des lignes pures. Il a un étui caoutchouté résistant aux chocs. À peu près de la taille d'un rat espion. Si les rats étaient des cyborgs espions. Il a un écran LCD d'enfer et deux micros au-dessus – l'un dirigé vers la gauche, l'autre vers la droite – tournés l'un vers l'autre – deux petites bites argentées.

Marlene porte un petit kimono de soie indigo et des tresses blondes, comme Heidi. Enfin, si Heidi était un trav noir. Marlene m'a montré le *Heidi* avec Shirley Temple. Dément. L'orpheline Heidi est abandonnée dans le chalet de montagne de son grand-père par sa méchante tante Dete. Le vieil homme est un ronchon. Mais lentement il se met à aimer Heidi. La diabolique Dete revient et engage Heidi pour tenir compagnie à Clara, une fillette top en fauteuil roulant. La maîtresse de maison, Frau Rottenmeier – ouais, je sais – déteste Heidi. Quand Heidi apprend à Clara à remarcher, Frau Rottenmeier tente de vendre Heidi à des Gitans. Mais son grand-père prend le taureau par les cornes, vend tout ce qu'il a et la retrouve.

Heidi aurait dû aller avec les Gitans.

Je n'ai pas de nattes, moi. Ni de cheveux. Je suis toujours chauve... enfin un peu moins que si j'étais en chimio. Je me frotte le crâne pour me porter chance. « T'ouvres grand les oreilles ? » je dis, en suspendant mon doigt au-dessus du bouton « lecture ».

« Oui, ma côtelette d'agneau », fait Marlene, mais ensuite elle dit : « Minute ! » et elle court partout dans la cuisine récupérer deux coupes et un liquide rouge dans une bouteille du frigo.

« Euh, c'est quoi, ça ? » je dis en montrant ce qu'a tout l'air d'un sirop contre la toux.

« Du kirsch ! On fête ton film ! »

Kirsch, en fait, ça veut dire « eau de cerise » en allemand. C'est distillé à partir de griottes noires et de leurs noyaux. On pourrait croire que c'est sucré, mais non. Ça a le goût d'amande et de poivre. On trinque. Elle en reverse. On retrinque. Elle en reverse. J'ai chaud au crâne et les joues rouges. Elle rit de son rire de Marlene. Je ris d'un rire que j'ai jamais entendu sortir de moi.

Je sais pas qui on est à ce moment-là, mais j'aimerais vraiment que ça s'arrête jamais. Je souris si fort que je sens l'air passer entre mes dents. J'appuie sur « lecture ». La première voix, c'est celle du furet au restaurant.

Le H4n balance : « Qu'est-ce que tu bois, vieux renard ? Whisky ? Je te commande un whisky. Sigmund, faut que je te dise, tu vas avoir la gaule quand tu entendras ce que j'ai. C'est chaud, crois-moi, c'est chaud.

— Dois-je en déduire que l'éditeur a acheté ma collection d'études de cas ? »

Bruit de mains de vieil homme frottées énergiquement.

J'appuie sur « pause ». J'ai le trac. Allez savoir pourquoi. Je prends ma respiration profondément. Je regarde de l'autre côté de la table en direction de Marlene. Elle sourit. Je termine mon sirop contre la toux. Je sens qu'il colle à ma lèvre supérieure. Je réappuie sur « lecture ».

« Vois plus grand, Sigmund. »

Bruit des glaçons qu'on mélange hystériquement dans un verre.

« Je te l'ai dit, j'ai trouvé l'étude de cas ultime. C'est celle-là qui sera la pièce de résistance – la *prune exquise* », dit l'enregistrement.

J'enfonce mon doigt sur le bouton « pause » du H4n. Il se barre de l'autre côté de la table. « Prune » ? Lequel d'entre nous est sa prune ?

Je fixe le H4n sur la table de Marlene. Son visage a une expression d'inquiétude. Je me lève. Je m'assois. « Verse-moi une autre rasade de ton truc à la cerise. Je crois que je vais en avoir besoin. » Elle verse. La pluie bat la fenêtre de la cuisine. Mon crâne me gratte. Mes joues me font soudain l'impression d'être des prunes brûlantes.

J'appuie sur « lecture ». La voix de Siggy semble tendue et grinçante.

« Comment ça "Voyez grand" ? C'est l'éditeur qui dit ça ? Quels ânes ! Avec le prestige que je leur ai apporté toutes ces années ! »

Bruit du poing d'un vieil homme frappant la table.

« Sigmund. Sig. Mon ami. Calme-toi. D'accord ? Il ne s'agit même plus du livre. C'est mort, les livres, Sig. C'est mort, les livres ! »

Bruit d'assiettes qu'on débarrasse de la table voisine.

« Tu parles de MON livre ? Il est mort, mon livre ? Écoute-moi, espèce de fouine assoiffée d'argent. »

Bruit de cliquetis de table.

J'appuie sur « pause ». Cette fois je ris. Mais mon rire sonne âpre et tendu.

Marlene penche la tête. « Liebchen, demande-t-elle.

« Oui ? je dis.

— Tu es sûre que c'est ce que tu veux ? »

Je tousse. « Oui, sûre. » Quelque chose tictaque dans ma tête. Puis j'appuie sur « lecture ».

Le H4n prend vie. « Sig ! Du calme, du calme ! Voilà ton verre. Bois. Non, vraiment. Prends une bonne goulée. Arrête de faire des moulinets avec les bras comme ça ! Tu vas quand même pas nous faire une scène ? Santé, mon vieux. Lève ton verre. Ça se fête. »

Bruits de gosiers.

« OK. Ça va, maintenant ? Bon, voilà le topo. On a été sélectionnés. Par la plus grosse société de production télévisuelle ! »

Bruit de serveurs apportant à manger.

« Quoi ? Mais qu'est-ce que ça veut dire ? Quel rapport y a-t-il entre la télévision et moi ?

— Quel rapport y a-t-il entre la télévision et toi ? Allô ? Docteur Phil ? Docteur Ruth ? Docteur Oz ? Une intervention ? La télévision est le nouvel eldorado, l'ami. Et je viens de t'acheter ton ticket d'entrée. Une fois qu'Oprah aura foutu le camp, il y aura un grand vide... et on va remplir cet espace, mon biquet. »

Bruit de respiration difficile et de toux.

Bruit d'une tape dans le dos.

« Sigmund ? Sig ? Ça va, copain ? Je sais ! J'y crois pas non plus. Tu vas y arriver ? Sig. Allez, copain... tiens, nom de Dieu, prends un peu de coke. Ça va te calmer. »

Bruit d'un vieil homme reniflant. Bruit d'un vieil homme toussant.

« Sigmund ! Mon ami ! Bois de l'eau. Laisse-moi t'expliquer. Je t'ai fait un topo. Tu piges ? Ils te veulent, Sig. Ils te veulent vraiment vraiment vraiment. Un contrat d'un an ! Deuxième année en option.

— Mais mon livre... le travail d'une vie... Jamais je ne serais d'accord ! C'est le contraire même de l'éthique !

— Ouah ! Sig ! Ça va tirer ton livre de l'oubli ! Tu m'écoutes ou quoi ? Allô ? Ces cas d'étude dont tu es si fier ! Ils ne vont quand même pas mourir de leur belle mort, sous la poussière ? Ils vont prendre vie. On va les faire adapter et filmer. Un par semaine. On a besoin d'un nouveau "toi", mais je m'en suis occupé. Et il faudra qu'on... change certains trucs, histoire de pas se retrouver avec un procès au cul, mais...

— C'est contraire à l'éthique. Hors de question. »

Bruit d'un vieil homme s'envoyant un whisky.

« Qu'entends-tu par un "nouveau" moi ?

— C'est des gros sous. »

Toux.

« Des gros sous. »

Toux.

« L'argument décisif, c'est ton petit monstre d'ado. Les autres cas d'étude, c'est des zombies, comparé à elle. La seule possibilité, c'est que tu t'appropries celle-là. Que tu chopes cette fille, je veux dire. Quand je leur ai dit à quoi elle ressemblait et le genre de trucs qu'elle balançait, je te raconte pas... sans elle, on n'a que dalle. »

Je suis maintenant de l'autre côté de la cuisine. « ARRÊTE CE TRUC », je hurle. Marlene appuie de son ongle verni bleu sur la touche « pause ». Le H4n glisse sur la table comme s'il essayait de courir. Je retourne d'un pas lourd à la table. Je prends le H4n. J'ai envie de le cogner, de le jeter dans la pièce. Je le repose bruyamment. Je commence à tousser. D'une toux sèche, en fait. C'est énorme. « Remets-le-moi. » Marlène rembobine. « Remets-moi ce truc, parce que là putain j'en crois pas mes oreilles. »

Avant de me rendre compte de ce que je fais, je prends le flacon de sirop contre la toux et je le bazarde à travers la pièce. Il explose comme des vœux d'enfant sur son mur blanc.

« Ma côtelette d'agneau ! » dit Marlene.

Je fixe la tache rouge que j'ai faite. Putain de Rorschach.

« Fait chier. Excuse-moi. » Je me mets au sol et commence à ramasser les bouts de verre. Ma gorge se serre. C'est comme si ma tête était entourée d'un élastique. Mes yeux sont larmoyants comme ceux d'une fille. Je tousse, je tousse. Je me coupe la main presque immédiatement. Bien sûr. Marlene rapplique, prend mes mains dans les siennes et m'accompagne jusqu'à l'évier de la cuisine. Elle fait couler de l'eau froide sur ma main et mon pouce. Le sang ruisselle dans la bonde.

« Tout le monde se sert de tout le monde jusqu'à ce qu'on soit tous un tas de sacs élimés en passe d'être mis au rebut », je dis.

Marlene ne répond rien. Elle me sèche les mains. Elle va jusqu'au lavabo et sort une trousse de secours, enveloppe ma main coupée dans de la gaze, lentement. Je fixe la petite fissure rouge dans ma main. *Pleure pas, espèce de gonzesse.*

Puis arrive un engourdissement. D'un genre que je connais. L'engourdissement d'une fille qui tourne de l'œil. Quoi qu'ils disent, ça me touchera pas, bordel. Je suis partie depuis longtemps. D'une façon ou d'une autre, je mettrai un terme à tout ça. Mais à mes conditions. Je monte le volume. Marlene ramasse le verre au sol. La voix qu'on entend ensuite est celle de Sig. Elle occupe tout l'espace.

« Je trouve ce dernier commentaire totalement insultant. C'est intolérable. Tu n'as pas le droit de parler d'un patient de cette façon – »

Un instant j'ai l'impression que le Sig va venir à ma rescousse. Comme le pépé de Heidi. Trop fort, non ?

« ... mais de quoi tu parlais tout à l'heure – que voulais-tu dire avec "nouveau" moi ? C'est de moi que tu parlais ?

— Nouveau moi ? Ce que je voulais dire, ben on peut pas... Sig, écoute. T'as un gros cerveau, une bête de bibliothèque dans la caboche, par contre t'es pas vraiment ce qu'on appelle un Apollon. Mais te bile pas pour ça. J'ai trouvé quelqu'un – un autre de mes clients – qu'est *très* intéressé. Il est *fait* pour la télé. Et il est dans ta branche.

— Tu as trouvé un acteur qui est psychothérapeute ?

— Quoi ? Jamais de la vie. J'ai trouvé le mec idéal. C'est quoi cette merde que t'as commandée ? C'est le poulet Kiev ? On dirait de la colle. Toute cette nouvelle cuisine tarabiscotée, c'est de la cochonnerie, pour moi. J'aurais dû commander un steak. »

Bruit d'un vieil homme qui s'étouffe en mangeant.

« Symboles, idées géniales et bagou. Comme toi. Sauf que lui il est canon, sans vouloir te vexer. En fait, vous vous connaissez déjà. Hé ! Regarde ! Le voilà ! J'espère que ça te dérange pas, je lui ai proposé de nous rejoindre. Pour fêter la nouvelle... Je vais nous prendre une autre tournée. »

Bruit de chaises qu'on recule.

Je jette un coup d'œil furtif à Marlene. Je me rappelle le restaurant. C'est le sexy aux cheveux argentés. Je remonte le son.

« Sigisimund ! Mon vieil ami ! Quelle joie de te voir !

— Mais... je... Jung ? »

Bruit d'un corps chutant au sol.

Le H4n s'arrête.

Marlene me regarde.

Je regarde Marlene.

« C'est à ce moment-là qu'il a valsé, je fais.

— Liebchen, tu te sens bien ? » demande-t-elle.

Je me penche vers le sol. Je remets calmement mon H4n adoré – peut-être la seule chose au monde hormis Marlene à laquelle je fasse confiance – dans mon sac à dos. Je me lève. Je regarde par la fenêtre de la cuisine. Si seulement il pouvait neiger. En fait, je le souhaite aussi fort qu'un enfant. Mais il continue d'y avoir cette pluie à la con. Tant pis, il y en a ailleurs, de la blanche.

Marlene et moi on se fixe droit dans les yeux.

« Marlene, je dis.

— Liebchen ? elle répond.

— Je vais devoir t'emprunter une de tes perruques. Tu peux m'aider à la choisir ? Une qui me ferait ressembler à tout sauf à moi.

— Bien sûr. Il se trouve que je suis très douée en déguisement. À qui tu veux ressembler ? » me demande-t-elle.

Je suce du sang sur mon pouce. Amandes, poivre. Kirsch.

« Dora, je dis, je veux ressembler à Dora. Ils veulent du spectacle, je vais leur en donner. »

10

Si vous voulez filer quelqu'un comme il faut, un maître mot : la perruque.

Une chance pour moi, Marlene en a un paquet. Elle a la blonde platine Marilyn Monroe, la choucroute rouge pompier, la longue noir de jais avec frange Bettie Page. Des cheveux bleus, des roses, des violets comme des Slurpees. Une afro de trente centimètres de large, une bleu et noir hérissée punk. Une Liz Taylor et une Zsa Zsa. Une cheveux longs, une cheveux courts, une cheveux hauts, une nattée souple, une coupe au carré, une longues mèches, et même une nattée jusqu'aux fesses genre on hurlerait RAIPONCE à un kilomètre de vous.

Bien sûr elle s'en sert pour ses concerts au club de jazz pour travs.

J'ai d'autres projets. Avec une perruque, on peut être n'importe qui.

Ma mère un jour a perdu tous ses cheveux. Ils venaient par petites plaques au début, puis par grosses touffes. Alors elle les a coupés court, et ensuite ça a commencé à faire réfugiée. Ils ont dit que c'était psychosomatique. Ils ont dit que c'était le stress. Ils ont dit que c'était elle qui faisait tomber ses cheveux.

C'est arrivé il y a trois ans. Quand mon père a fait son choix, avec madame K.

Ils ont repoussé l'année suivante. Lentement. Mais ses yeux n'ont plus jamais été les mêmes.

Ma mère me lisait un livre quand j'étais gamine. Au début, en tout cas. Je l'ai toujours. Il est sous mon lit. Un peu amoché, peut-être, mais toujours cool. *C'est toi ma mère ?* Vous le connaissez ? Ça parle d'un oisillon pathétique. L'oisillon éclôt pendant que la mère est hors du nid. Il ne sait rien de rien. Il la cherche partout. Il demande à un chaton, une poule, un chien et une vache si l'un d'eux est sa mère. Ils répondent : « Non. » Puis il demande à une vieille voiture pourrie, un bateau, un avion et enfin à une bête de pelleteuse. La pelleteuse le redépose dans son nid et la mère absente revient.

C'est un bon livre. Mais l'oisillon est à moitié mongolien.

Marlene porte une veste de smoking en soie vieille école, une perruque de Marlene Dietrich, et tient une cigarette dans un long et fin porte-cigarettes.

Trois perruques magnifiques trônent sur la table de cuisine, nous regardent fixement, sans tête.

Je les regarde sur la table de Marlene. Je frotte mon crâne duveteux. Je n'ai jamais autant ressemblé à ma mère. Enfin quand elle était sans cheveux. Des fois je me dis que je l'ai fait pour cette raison. Bref. J'étudie la sélection de perruques.

Perruque numéro un : noir comme de l'encre, longue jusqu'au menton, pointes effilées. Très chic. Serait géniale avec des lunettes chic à monture noire, un imper noir brillant. Des bottines. Genre Emma Peel dans *Chapeau melon et bottes de cuir*.

Perruque numéro deux : jusqu'aux épaules, blond vénitien, avec des mèches de couleur – plutôt BCBG.

Manquent juste un pull en cashmere et un fin rang de perles. Imaginez Molly Ringwald dans *The Breakfast Club.*

Mais c'est la perruque numéro trois qui domine le lot. Totalement top, à plumes et nacrée. Bon Dieu. Elle est trop... Elle est trop sex, elle est trop années 80... elle est grave Ultra Farrah. On croirait qu'elle peut soulever la table, monter en l'air et voler dans la pièce.

« J'assurerais, avec, à ton avis ? je dis en la désignant. Ils appellent ça comment, déjà, du nacré ? » Les autres perruques ont l'air découragées et jalouses.

« Ça dépend », dit Marlene en penchant la tête sur le côté, pressant ses ongles bleu Lee contre ses lèvres rouge Coca-Cola, « si tu la portes, tu feras tourner les têtes. Les gens ne peuvent pas s'en empêcher. Ils sont nostalgiques de l'époque des grandes tignasses.

— Ouais, je comprends... c'est pas forcément une bonne idée.

— Quand on essaie de passer inaperçu. » Elle se tapote les lèvres. Ses cils paraissent plus longs que mes pouces.

« Ouais.

— D'un autre côté », Marlene tourne autour de la table avec les perruques en les examinant, désignant les deux autres, « c'est tout sauf toi, ma côtelette d'agneau. Ton Herr Doktor te reconnaîtra jamais sous ces cheveux. Personne te reconnaîtrait. Même pas moi. »

Elle caresse les mèches de la perruque. Comme des ailes.

On la fixe, là, sur la table.

Je prends la Farrah sur la table et, en la balançant au bout de mon poing, je la tiens légèrement plus haut que mon crâne, face à moi. Elle chatoie sous la lampe de la cuisine. Ses ailes rayonnent littéralement. Elle me pose sa question. Toi tu peux, être moi ?

Étrangement il est très solennel, ce choix, qui être, qui ne pas être.

« Viens, on va l'essayer », dit Marlene qui me pousse de l'épaule vers le miroir de la salle de bains.

À l'instant même où elle est sur ma tête, toutes les deux on sait. Peu importe si je dois enfiler un combi-pantalon, des chaussures à semelles compensées et chanter les Bee Gees. Il y a des moments où on sent quelque chose. Celui-là en est un.

D'abord, elle est lourde. Dans le bon sens du terme. On se sent plus important que d'habitude. Et tout mon visage a l'air différent. J'ai l'air d'une femme avec une frange à plumes. Une femme qui portera beaucoup de mascara et d'eye-liner. Une femme qu'aura besoin d'un paquet de brillant à lèvres. Mais il y a autre chose en jeu.

Je fixe ce moi dans le miroir, avec Marlene en embuscade dans le dos. Vous savez, dans la vie, qui qu'on soit, je crois que le truc c'est de l'être de façon exagérée. C'est peut-être en partie mon problème. Je suis moi, mais je suis moi à 50 %. Je suis bien là, mais je m'estompe. Je tousse. Je détourne les yeux. Je m'évanouis.

Little Teena, il est AU TAQUET où qu'il aille et quoi qu'il fasse. Ave Maria est archi-défoncée la plupart du temps, alors j'ai aucune idée de qui elle est, mais au moins elle est inoubliable. On a encore ses contre-*ut* dans les oreilles longtemps après son départ. Marlene, elle peut être un homme, puis se transformer en femme comme le jour passe à la nuit. Abracadabra. Obsidienne est tellement Obsidienne qu'on a l'impression qu'elle tuerait quiconque osant, même une seconde, ne pas faire attention à elle. Cheveux noirs. Yeux noirs. Un éclat noir de va te faire foutre se balance toujours à son cou.

Moi ? Je m'appelle Ida. La nana en colère, perturbée et dotée d'une voix crétine. Je suis Dora l'Exploratrice. Je suis la fille qui doit faire une thérapie. Le truc le plus moi à propos de moi, c'est mon matos technologique. Je sais même pas qui je suis, putain.

Comme si elle était dans ma tête avec moi, Marlene dit : « Ça », debout derrière moi dans l'image du miroir avec ses mains dans ma nouvelle chevelure, « c'est le toi qui fera un film. Fille d'Ève ! »

Je sais pas pourquoi mais être debout comme ça sous le souffle de sa phrase me donne la sensation d'exister. Je me demande si c'est ça l'amour.

Marlene prend un grand bol d'air, applaudit au-dessus de nos têtes et dit : « Bacon ! Ça se fête ! »

En virevoltant pour suivre le mouvement, je sens la chevelure se balancer. Comme si elle faisait partie de moi. Grandes. Et lourdes. AILES.

De retour à la cuisine, Marlene ramasse les perruques de la table et les jette sur une chaise à côté. On dirait des cadavres d'animaux écrasés sur la route.

Qui qu'on soit à ce moment-là, j'ai soudain envie que ça ne s'arrête jamais.

Je souris si fort que je sens l'air passer entre mes dents. Je secoue les cheveux en arrière. Dans ma tête il y a un oisillon éclopé qui gazouille à s'en luxer le bec. Heureux.

11

Dans le couloir devant le bureau du Sig, j'étudie le bois de sa porte. On dirait de la peau. Je pose ma main dessus sans faire un bruit. Est-ce qu'il attend, de l'autre côté ?

Ma main se fait poing et martèle grave la porte.

Et devinez quoi, quand il ouvre ? Il a l'air tendu. C'est quoi cette nouvelle coiffure ? Un nid d'oiseau new wave.

« Siggy ! » Je crie, j'entre en coup de vent dans son cabinet. J'ai un cadeau pour lui sous le bras – bien emballé comme pour un anniversaire. Je lui plaque contre la poitrine. Nom de Dieu, je crois qu'il rougit. « Oh Sig, je dis, vous allez pas me verser une larme, quand même. C'est tout naturel. Allez, ouvrez-le. »

Il lutte avec le papier comme le vieil homme gauche qu'il est. Ça me donne largement assez de temps pour rôder autour de son imper suspendu près de la porte. Je glisse la main dans mon sac Dora, puis je glisse un GoTEK7GPS dans la poche de son imper d'exhibitionniste.

Le GoTEK7 est un dispositif de pistage GPS minuscule, personnel et puissant qui permet de pister des biens, des véhicules ou des gens. Léger et étanche. Il est également équipé d'un système d'alarme discret. Une fois enclenché pendant quatre secondes, le dispositif vous informe de sa localisation via votre téléphone portable ou votre pc, vous procurant une certaine tranquillité d'esprit vis-à-vis des êtres aimés.

Je scanne la pièce. Cigare à moitié fumé dans le cendrier sur le bureau. Le coucou à moitié flingué fait son numéro.

Il finit par ouvrir le paquet.

« C'est un coucou », dit-il.

Quel génie.

« Ouais. À cause de votre coucou flingué. » Je lui prends le coucou des mains, l'emporte au grand bureau d'homme et le mets en place. « Ça vous plaît ? »

Franchement, il est pas jojo. Il a une sale peinture dorée bizarre et la forme fait plutôt penser à un furoncle. Il remonte plus ou moins au milieu et descend en pente sur les côtés avec ces étranges sculptures de lions. Je l'ai dégoté chez un brocanteur. Qui sait s'il marchera encore demain, ce con. À l'intérieur il y a une caméra cachée avec un magnétoscope intégré adapté à tout type d'USB, iPod, PlayStation Sony, cartes mémoire, pc, disque dur externe, tout ce qu'on veut. Vous n'en reviendriez pas de voir comment tout le matos d'espionnage compliqué de la guerre froide a été transformé en gadgeterie techno des temps modernes, disponible en ligne pour 49,99 $.

Sig tente très maladroitement de me remercier depuis l'autre bout de la pièce. Je me dirige vers le buffet avec tout le bazar à thé dessus. Une théière. Des grandes tasses. Un assortiment de sachets de thé top de chez top à la con. Sucre. Lait. Une cuillère. À peu près tout ce qu'il me faut.

« Laissez-moi faire cette fois, je propose. Que buvez-vous ? » en tripotant ses sachets de thé.

En lui tournant le dos, je sors une fiole de came de mon petit sac Dora. « Earl grey ? Jasmin ? Citron-gingembre ? Fruit de la passion ? Va pour fruit de la passion. Soyons fous. Sucre ? » je dis en me retournant vers lui par-dessus mon épaule. Il hoche la tête, reconnaissant. Putain, trop fastoche de se mettre des couilles de vieil homme dans la poche. C'est moche, quand même.

Ensuite je sors le Viagra de Hakizamana Ojo. Les pilules de Marlene. « J'ai fait un rêve génial dont faut que je vous parle, Sig », je dis, tout en écrasant les pilules – un, deux, et trois ! – avec le dos de ma cuillère, en récupérant la poudre et en la versant dans son thé. J'y vais tout doux et je fais super gaffe. Je fais vibrer les tasses avec la cuillère. Le bruit de la porcelaine oscille entre quelque chose d'hypnotique et l'envie de se flinguer. Je tapote la tasse avec la cuillère. Ce paysage sonore promet d'être *génial.*

« ALORS, je dis, je vous le raconte, ce rêve ? » Je marche vers lui, me penche et lui sers le thé. « Faites-moi confiance, Siggy, vous allez trop le KIFFER ce truc. »

Il prend une petite gorgée. Sourit du sourire d'un homme qu'on sert.

Je souris et je dresse la tête, tentant de ressembler à la nièce dont il cause tellement. Au secours. « Paré pour le méchant rêve ?

— Continuez. » Regardez-moi ce connard plein de suffisance. Tu l'as bien cherché.

« Alors imaginez le truc. Il y avait une maison en feu. Mon père était debout à côté de mon lit et m'a réveillée. Je me suis habillée rapidement. Maman voulait s'arrêter et sauver ses bijoux, mais papa a dit : “Je refuse que mon enfant et moi-même on brûle pour tes bijoux !” On s’est dépêchés de descendre et, dès que j’ai été dehors, je me suis réveillée. » Je m’assois droit comme un piquet et je le fixe avec les plus grands yeux que j’ai en magasin. « C’est pas super cool, ça ? »

Il trouve ça génial. Il se frotte les mains. Il est à fond dedans. Bon Dieu. Je le vois en train de prendre des tours avec une interprétation salace. Comme je le pensais, direct il embraye sur les bijoux. Comme je savais qu’il le ferait, il dit que c’est un vagin. Je peux pas me retenir. Je commence à rire. Mais quand je le regarde, il est super sérieux et tout. Il croit que le rire est un mécanisme de défense. « Désolée », je dis. Et je me mords l’intérieur de la joue.

« Ida, quelle est cette histoire de coffret à bijoux que votre mère voulait sauver ? » continue-t-il, en bon Dr Grosse Tête qu’il est.

Je fais : « Mon père le lui a offert. Elle a un paquet de bling bling, vous pouvez me croire. Ce qu’est débile, vu qu’ils sortent rarement et font rarement un truc ensemble. Je pense qu’il empile du bling tant qu’il peut pour moins culpabiliser de s’envoyer madame K. Et ça reste là, à s’empiler dans le coffret et à prendre la poussière. Des fois elle caresse le coffret, cela dit. »

Ses joues rougissent. Il boit son thé. Ses pupilles – la vache, je crois qu’elles se dilatent ! Il dit : « Voyez-vous d’autres associations avec un coffret à bijoux ? »

Je regarde au plafond. « Hé, vous savez qu’il y a une fissure à votre plafond qui ressemble à une vulve géante ? » Je la montre du doigt.

« Voudriez-vous répondre à ma question ?

— Voudriez-vous ? » je dis en souriant. Ensuite je lui en donne pour son argent. « Ouais, ce débiloïde à la con de K m'a donné un coffret à bijoux un jour. Du genre bien vulgos qui coûte un bras. Il vient de Vienne. Je mets ma beuh dedans. Hé ! Encore un peu de thé ? »

Je me relève d'un bond. Je cours comme une nièce zélée. Je remplis sa tasse. Je prends mon temps. Je sens ses yeux sur mon dos quand il fait sa théorie comme quoi monsieur K attend subconsciemment un cadeau en retour.

Sans blague, Sherlock ?

« Vraiment, je dis, en remuant toujours plus.

— Peut-être l'ignorez-vous, mais l'expression “coffret à bijoux” n'est pas sans lien avec ce que vous portez au quotidien, votre réticule. »

Je me tourne pour lui reverser du thé. « C'est quoi ce réticule à la con ? »

Il rit, en adulte sournois qu'il est. Il dit : « En termes essentiellement historiques, le réticule est un petit sac à main de femme. En d'autres termes, le coffret à bijoux et le réticule sont tous deux des symboles des parties génitales féminines. »

Je roule des yeux et je m'étrangle de rire. « Siggy ! Hé, l'ami ! Vous racontez de ces conneries ! Alors comme ça, monsieur K m'aurait offert une boîte de gonzesse pour obtenir ma nénette ? Et tout ça serait revenu tout bizarre dans mon rêve ? Et mon sac Dora, c'est une fente aussi ? »

Époustouflé, il sourit et continue. « Dans le rêve vous avez choisi une situation exprimant un danger duquel votre père vous sauve. »

Nom de Dieu. Il croit que... mais qu'est-ce qu'ils croient, les vieux comme lui ? On dirait qu'il croit avoir résolu un mot croisé très très très difficile.

Franchement. « T'es sérieux, là ? » tourne dans ma tête. Mais « Ben dites donc... » est tout ce que je dis.

Là-dessus il se penche, l'air très sévère, et poursuit d'un : « Le rêve confirme une fois de plus que vous convoquez votre vieil amour pour votre père afin de vous protéger contre celui réprimé pour monsieur K. »

Je le fixe.

Il boit son thé.

Je songe à applaudir. Ou à dégueuler. Je suis douée pour dégueuler sur commande.

Au lieu de ça, je me penche vers lui. « Sig », je dis – hypra sérieuse –, « les gens croient vraiment aux âneries que vous leur faites avaler ? Ce sac et ce coffret à bijoux sont des fentes ? » je lui demande.

Ah euh... un peu chaviré, le Sig. Il fait tomber un fil de tissu invisible de son épaule. « Je n'ai pas dit que les véritables objets étaient génitaux. J'ai dit qu'ils les représentent dans le subconscient. Dans les rêves. »

Viens voir maman. Je le tiens, là. Je me lève. Je marche en rond dans la pièce. Je sens son regard. Sur mes bottines. Sur mes mollets. Sur mon cul uniquement couvert d'une jupe punk d'ado en tissu écossais. Ensuite je traverse la pièce jusqu'à son bureau. Je me tourne vers lui. Je mets la main sur mon sac Dora l'Exploratrice suspendu devant ma touffe et je le caresse sévère. « Réticule..., je murmure. Je vois. » Je souris. Puis je récupère ce qui reste de son cigare cradingue dans son petit cendrier et je le suce. « Meeeerduuuuuuuuum », je dis, avant de mimer un Groucho Marx. « C'est quoi la marque de votre cigare, Herr Doktor ? »

Il se lève. S'assied et fait des moulinets avec les mains. « Ida, il ne s'agit pas de discuter d'objets pris au hasard dans une pièce... », bafouille-t-il, mais je le coupe. Pour porter le coup de grâce. Ouvre les yeux. Je suis pas ta nièce, vieil homme. Je suis ton pire cauchemar d'ado. Et je sais une chose ou deux de l'art de l'interprétation.

« Non ? Pourquoi pas ? Je vous parie mes bottes que les objets dans cette pièce – fissures porno au plafond, cigare à moitié fumé – franchement, qui fume encore le cigare ? c'est juste des trucs de vieux débris. Siggy, est-ce que vous êtes un vieux débris ? Répondez ! Vous et ce qu'il y a dans votre pantalon, vous faites partie de cette discussion. Espèce de vieux schnoque. Vous avez une réelle envie de parler des réticules et des boîtes à bijoux avec les jeunes filles. J'imagine qu'en parler vous excite complètement. J'imagine que vous avez les œuvres complètes d'Aubrey Beardsley. Vous voulez savoir ce que je pense de votre théorie, Sig ? Il ne s'agit que de bite. »

Un bruit fissure alors l'air entre nous. Toux. Toux über lourde du Sig. « Ida... », il se lance, mais sa toux lui coupe la chique. Toux. Méchante toux, impossible de s'arrêter.

Je me précipite. Je lui en colle une bonne dans le dos. « Ça va, Sig ? » Je lui caresse violemment le dos. Son visage rougit. Il se plie en deux tellement il tousse. « Reprenez du thé ! » je dis et je lui envoie direct une autre tasse.

Et glou et glou. Après avoir piétiné deux trois minutes, il finit par respirer et reprend ses esprits.

Moi ? Je suis calmement assise sur le divan en cuir noir comme la plus polie et la plus normale des filles de cette putain de planète. Jambes croisées, mains sur les genoux. On se croirait à l'église.

À point nommé, le coucou espion carillonne. On dirait des oiseaux qui chient de l'étain. Un peu.

« Écoutez, je tempère, c'était juste une interprétation. Vous êtes quand même un sorcier des méninges,

Herr Doktor, c'est bluffant. » Je pose mon menton sur mon poing. « Va falloir que je réfléchisse à tout ça. Mais non, ne vous levez pas... je connais le chemin. Asseyez-vous. Mazette ! Vous en avez vraiment dans le cigare. »

Je me lève.

Je tourne les talons.

Mes mots d'adieu : « Vous tenez le bon bout ! »

12

Quand je sors de chez Sig, je marche très exactement un bloc pour arriver là où la Jag de la mère d'Ave Maria est garée et m'attend. En m'approchant, je vois Little Teena à la place du chauffeur. Je vois Ave Maria sur la banquette arrière. Et je vois les deux perruques qu'ils portent.

Euh... je me rends compte que ce que je fais est plus que limite. Euh... je réfléchis aux conséquences possibles de mes actes. Un instant j'ai peur pour le père Sig. Ça ferait désordre, une overdose de Viagra ! J'ai lu des trucs sur le net à propos des effets secondaires dangereux... il pourrait s'évanouir. Tomber dans le coma. Il pourrait devenir aveugle. Quelques mecs sont même morts. Ma gorge se serre un peu et c'est comme si quelqu'un m'appuyait sur la poitrine. J'imagine Sig faire une attaque.

Mais vous savez à quoi je pense le plus ? À toutes les fois dans ma vie où j'ai rien pigé à ce qui se passait et où personne ne s'est donné la peine de m'expliquer. Comme la fois où j'ai eu mes règles. J'ai cru que j'étais en train de mourir du cancer. Mon prof de gym m'a emmenée dans son bureau et m'a expliqué. Eh ouais. Tout ce qu'on aime. Un vieux vicelard dégarni qui vous explique pourquoi votre vagin saigne pendant qu'une dame de la cantine débarque en vous collant sous le nez un énorme tampon en coton et vous dit de vous le mettre entre les jambes, s'il vous plaît ! Trop génial.

Je pense à monsieur K. essayant d'enfoncer sa langue Altoid dans ma bouche à un pique-nique au bord d'un lac – personne ne me tirera des griffes du coureur de jupons des bords du lac. C'est vrai, il a fallu que je lui cogne sévèrement le pif, au point qu'il en ait les larmes aux yeux. J'avais quatorze ans. Il n'y a pas de super-héros.

Je continue de marcher vers la voiture et la bande. La famille est un mot qu'on peut faire sien.

J'entends le ronronnement du moteur de Jack.

Je pense à toutes ces choses qui ne vont pas dans le monde aujourd'hui, que les ados doivent endurer.

Comme le beau-père d'Ave Maria qui lui donnait le bain – et il la lavait de très près – quand elle avait environ quatre ans. Cinq. Six. Et la filmait. Vidéos amateur.

Comme Little Teena qui a dit à ses parents über cathos qu'il était homo de A à Z. Ils lui ont répondu que le diable s'était emparé de lui et l'ont envoyé dans une drôle d'école militaire. Ensuite ils ont fait cet été-là une tournée des vignobles en Allemagne et sont allés répandre un peu de parole de Dieu pendant que Little Teena avalait trois flacons de comprimés et se faisait purger l'estomac. Vous le trouvez comment, ce gewurztraminer, monsieur et madame Putain de Dieu ?

Vous vous rappelez l'affaire Joseph Fritzl ? Le papa autrichien qu'avait construit une prison dans sa cave pour sa fille ? Pour la paterner, il la paternait bien. Sept enfants et une fausse couche. Je continue de me poser des questions. Ça fait quoi d'être une femme de quarante-deux ans qui sort de la cave et raconte cette histoire ? Et qui sont les fumiers qui vivaient à côté et qui n'ont *a-bso-lu-ment rien vu* ?

Un rien beurk, non ? C'est pas juste, la vie. C'est pas censé être un film d'horreur à la con façon Disney qu'a mal tourné, dans lequel on est piégé à l'intérieur d'une voiture appelée « famille » avec des parents grave givrés qui vous tombent dessus à bras raccourcis au moindre virage. Regardez donc le monde que vous avez fabriqué pour vos enfants. Pas étonnant qu'on vous prenne vos drogues. C'est le minimum.

Alors oui, je pense à ce que je fais. Ce que je fais, c'est que j'ouvre la portière de la Jag de la mère d'Ave Maria et monte dedans. C'est comme je vous le dis. On organise des raids artistiques. Ça ne fait pas de nous des terroristes pour autant. Enfin pas comme vous l'entendez.

Je grimpe dans la Jag. Ma perruque Farrah et les fringues sont sur la banquette arrière, qui m'attendent.

« Parés pour le départ ? » demande Little Teena, à la place du chauffeur.

« Parés ! » m'envoie Ave Maria d'un trille. Il y a une valise compacte sur le siège entre nous. Elle en caresse le dessus.

Je regarde mes camarades une longue minute. Mon Dieu. Je les aime tellement.

Ave Maria porte la perruque Molly Ringwald de Marlene, qui tranche avec ses lunettes à monture métallique.

Tout devant, ce qu'on peut uniquement décrire comme la tête de Julia Child. Une haute perruque bizarre à grosses boucles qui fait ressembler Little Teena à une grand-mère. Un homme très effrayant en grand-mère travelo. Il conduit d'une main, bras tendu. Il a réussi à caser sa corpulence dans un tailleur femme bleu marine. Rajoutez-y des bas et des escarpins. Il a un faux écusson d'inspecteur de police, par-dessus le marché. Joli.

« Ah que oui, je dis, parés pour le départ ! » Et je commence ma métamorphose.

À l'intérieur de la Jag je me désape. Little Teena entonne le chant de la stripteaseuse depuis la place du chauffeur. La fenêtre s'embue illico. J'allonge les jambes et je bombe les hanches jusqu'à ce que je voie mes propres dessous – imprimé léopard. J'enfile un jean blanc. Pattes d'éléphant. Pour être sincère, je ne pensais pas que ça existait encore. Ensuite je plonge dans un pull angora rose et je sors la tête, un peu de duvet aux lèvres. Je sangle une paire de sandales compensées. Puis j'enfile la perruque Farrah sacrée. On penche la tête, on met la perruque et hop on rebascule !

Ave Maria ouvre la petite valise entre nous, farfouille dedans, puis me tend une paire de lunettes marron façon yeux de hibou et du brillant à lèvres vermeil. Je chausse les lunettes de soleil et me passe de la pommade sur les babines.

Ensuite elle me tend mon Bluetooth. On a tous des Bluetooth assortis et semblables à des petites tumeurs à l'oreille. La communication est essentielle quand on shoote en extérieur.

Je me regarde dans le rétroviseur depuis la banquette arrière. Si j'étais un tout petit peu plus seventies, je serais comme l'était ma mère.

Obsidienne n'est pas dans la voiture. Elle arrive. Obsidienne nous parle via nos Bluetooth. De temps en temps sa voix dans mon oreille fait déraper ma respiration. Quand elle dit le mot « Ida », j'en ai le vertige.

Dans la Jag, aux aguets, avec un ordi sur la banquette arrière, on traque le Sig.

Grâce à l'horloge à microcaméra incorporée que j'ai mise sur son bureau.

Grâce au GPS que j'ai mis dans son imper.

Grâce au thé corsé.

« Centre-le sur l'écran », je fais.

Ave Maria et moi on se penche pour examiner l'ordinateur comme le feraient des médecins.

Ave Maria soupire. Ce qu'on voit : un petit personnage de dessin animé faisant les cent pas dans son cabinet avec une gaule si méchante qu'on dirait qu'une troisième jambe lui a poussé.

Il rampe jusqu'à son bureau et essaie de s'asseoir. Aucune chance de le faire marcher droit, ce garnement. Il va clopin-clopant jusqu'au fauteuil à dossier en chapeau de gendarme et s'arc-boute. Il la regarde. « Euh, il pleure ou quoi ? » dit Ave Maria avant de se mettre à rire. « Putain de Dieu, dit-elle, il peut à peine marcher ! » Little Teena émet un rire de défoncé.

Je regarde mon Sig se dandiner jusqu'au divan italien en cuir noir. Il est plié en deux, comme s'il s'était bousillé le dos, puis il titube, tombe et roule sur lui-même afin de s'allonger. « Bon Dieu, je crie, c'est énorme ! Regardez-moi ça ! » On rit comme des ados.

Sur le divan il y a un extraterrestre. Un mutant. Un homme dépassé par son pantalon. Il s'agite et tournoie, son bras couvrant son visage. Il la saisit. « Incroyable, je crie, il va essayer de la manœuvrer ! Je tortille violemment mes cheveux de Farrah autour de mon doigt. Je me demande en silence s'il va éjaculer sur son propre visage comme le geyser Old Faithful.

« Fais tourner, je veux voir ! » dit Little Teena depuis l'avant. Je mets l'ordi sur le fauteuil pour qu'il puisse voir.

« Sainte Mère de Dieu ! beugle Little Teena. Il est à terre ! À quatre pattes ! Il... essaie de se taper la porte ou quoi ? Attendez ! Il a attrapé l'imper... minute ! Minute ! Cet homme est DEBOUT, en position verticale, chers spectateurs ! » annonce Little Teena à la façon d'un commentateur de boxe. On se marre comme des baleines.

« Démarre et gare-toi, je dis. Bascule sur le localisateur GPS. » C'est Ave Maria qu'est à l'ordi, sur la banquette arrière, et tada ! Sig devient une pulsation rouge dans la ville virtuelle d'un écran d'ordinateur.

C'est là qu'on voit les hommes, les vrais. Pour que ce tournage en extérieur fonctionne, il faut qu'on soit endurants. Il faut qu'on attende. Minimum une heure, maximum deux, je pense. Bon d'accord, je sais que toutes les pubs disent : « Si votre érection dure plus de quatre heures... », mais Sig est toubib. Alors je me dis qu'il est trop anal pour attendre quatre heures assis tout seul dans son cabinet avec une trique de la mort.

On se shoote dans la voiture. La mère d'Ave Maria a des migraines. Autant dire que notre stock de pilules contre le balancement de tête vient d'être reconstitué. Little Teena a économisé presque assez pour un boîtier Nikon D3X Digital SLR. Le système de traitement d'images Expeed incorporé garantit une image fidèle, de haute qualité, et réduit le bruit, même à une sensibilité ISO élevée. Je raconte un peu de ce que j'ai lu dans le bouquin de Mantegazza que m'a passé Marlene. « Faut savoir un truc, Mantegazza prescrivait de la coca à ses patients. Il a écrit à un homme à deux doigts de mourir de fatigue nerveuse qu'il l'enverrait dans les étoiles. Il disait que la coca était un milliard de fois supérieure à l'opium.

— Ouah », dit Ave Maria.

À peine deux heures plus tard, il y a du mouvement.

Ave Maria met le doigt sur la pulsation rouge. Il bondit à droite à gauche par spasmes. « J'aimerais bien qu'il se décide, se plaint Ave Maria, il entre, il sort, entre à nouveau... Qu'est-ce qu'il fabrique au juste ? Merde ! Il a des tocs ou bien ? »

Je me dessine un petit hublot sur la vitre avec mon coude angora.

À l'avant Little Teena rit et largue un méga pet.

Ave Maria gémit. « Va te faire foutre ! C'est pas possible, ça ! Tu veux nous tuer ou quoi ? Ouvrez les fenêtres, bordel ! »

Quand ma fenêtre s'ouvre, je vois la porte d'entrée de l'immeuble de mon médecin s'entrebâiller. « Taisez-vous ! C'est lui ! je fais.

— Putain de merde ! » dit Little Teena.

Rien ne sort par la porte.

Rien.

Rien.

Mais on sait tous qu'il y a un homme derrière.

Je retiens mon souffle, puis je me rends compte, puis je me maudis, puis je recommence.

« Merde, je dis, c'est les condés ! » Il y a une voiture de police qui se gare. Mais c'est pas une voiture de police. C'est un taxi noir et blanc. Pile à ce moment-là je vois mon psy, ma Némésis, mon Sig à moi, qui sort de l'immeuble. Je me prends un énorme coup sur la poitrine et mon cœur bat à deux cents à l'heure comme si j'avais pris du speed.

Mais je m'attendais pas à ce qui sort de l'immeuble.

Ce qui sort de l'immeuble semble arriver tout droit du Moyen Âge. Une sorte de créature qui pourrait escalader une tour, et par exemple sonner les cloches. Un vrai Quasimodo.

« Putain de Dieu de merde ! » soupire Little Teena.

Là, en face de nous, vêtu d'un authentique imperméable d'exhibitionniste, le Sig, essayant, le vieil homme, désespérément, de planquer sa bite dans son pantalon le long d'une de ses jambes. Essayant de tendre le bas de son imperméable au-dessus de cet entrejambe bombé. Tirant sur le tissu de son imperméable marron qui se retend d'une autorité hitlérienne.

« On dirait un infirme », murmure Ave Maria. On se fend à nouveau la gueule, mais on se planque aussi dans la voiture et on essaie de rire moins fort.

Sig regarde à droite, puis à gauche et se jette dans le taxi. Il perd une chaussure, le taxi démarre dans un crissement de pneus.

« Putain de putain de Dieu ! répète Little Teena. Tu prends tout, j'espère ? ! T'enregistres ? »

Je hurle : « Merde ! », en me rendant compte que je reste assise dans la voiture comme une crétine de blonde SANS filmer ni enregistrer peau de balle.

À ce moment-là Dieu apparaît. Enfin si Dieu était une sublime Amérindienne en furie avec un casque de cheveux ébène et autour du cou un éclat de verre noir spécial égorgement.

Obsidienne ouvre ma portière d'un coup sec, s'engouffre dans la voiture et me pousse en disant : « Démarre ! Démarre ! J'ai tout ! J'ai tout enregistré ! », en tenant délicatement une minicaméra à la main. On se bouche tous les oreilles vu qu'elle nous hurle dessus via Bluetooth et qu'elle nous hurle vraiment dessus.

« Appuie sur le champignon ! » je dis. Mes oreilles et ma peau résonnent du désir d'une fille aux cheveux noirs comme de l'encre qui jamais au grand jamais ne porterait de perruque.

On plonge sous le dédale des ponts autoroutiers serpentant dans Seattle. On longe le terrain de baseball des mongoliens avec son architecture de poisson géant métallique. À travers les tunnels à la con couverts de lierre. La pluie rend tout flou.

« Dix dollars qu'il va au Blue Ball sur Capitol Hill, parie Little Teena.

— Le club SM ? Sûrement pas. Moi je dis qu'il file au parc où se retrouvent les homos pour s'acheter un max de tranquillisants. Ou se faire purger ce monstre. Et puis dix dollars, c'est un pari de gonzesse. À cinquante, je marche », dit Obsidienne. Ma bouche se remplit de salive et d'admiration.

« Ouais, c'est le Blue Ball », ajoute Little Teena à l'avant au moment où on brûle un feu rouge dans la poursuite. « Et je relève le pari.

— Tu dis que des conneries. Regarde. On va tout droit au parc, réplique Obsidienne.

— Qui c'est qui veut des Hot Tamales ? » Ave Maria sort une boîte et nous bourre de cannelle.

J'examine l'écran de l'ordinateur. On ne va pas au Blue Ball. Ni au parc. On est sur Seneca Street. On est dans les bouchons. On est foutus pour se garer. On va à Virginia Mason Clinic, dans le centre de Seattle. Aux urgences. Je connais. Comment ? C'est là qu'ils ont emmené ma mère quand elle a avalé son flacon de pilules. « C'est un hosto qu'on cible ! » je dis.

Dans la voiture j'envoie une rafale d'instructions : « Va falloir faire une reconnaissance par triangulation. On sera aux urgences, rappelez-vous, alors faut coller à la mise en scène. Chacun bien dans son rôle... il faut la jouer à la fois guérilla et cinéma vérité. Obsidienne ? Tu prends la microcaméra. Little Teena ? T'en épingles une à ton épaule, comme les flics. J'ai le H4n et... Ave Maria, t'as la caméra espion ? »

Elle hoche la tête et crache une certaine quantité de Hot Tamales par la fenêtre de la Jag. Ensuite elle prend un costume dans la petite valise. « Un hôpital ! Je suis parfaite ! Je suis parfaite ! » crie-t-elle.

Faut dire qu'elle en jette, sa tenue. Elle brandit une sorte d'étrange blouse rayée. En tout cas il me semble que c'est ça. « Où est-ce que t'as pêché ce truc, là, cette espèce de tablier ? je demande. Il est dément. »

Elle soulève sa perruque blond vénitien et commence à enfiler son costume. « C'est une tenue de stagiaire. Tu comprends ? J'adore, j'ai vraiment l'air de Florence Nightingale, comme ça. »

Je ris. Elle ne ressemble pas à Florence Nightingale. Je l'aurais plutôt vue dans *Vendredi 13. Première partie*.

Little Teena astique son faux écusson d'inspecteur et accélère. « *Serpico !* » fait-il.

Je secoue mes cheveux noirs comme dans une pub pour les shampoings Breck. Obsidienne entoure sa crinière noire d'un chouchou.

On sait tous exactement qui on est.

Sauf qu'à ce moment-là, à l'arrière de la Jag, Obsidienne me frictionne la cuisse. Ma respiration devient bizarre. Tout est dans la gorge au lieu d'être dans ma poitrine. Et merde. S'il te plaît, Dieu des filles, fais que je ne m'évanouisse pas. Je prends une grande respiration. Je baisse la tête. La perruque Farrah est si lourde que j'en suffoquerais presque.

Je pose une main sur chaque cuisse en jean blanc. Les paumes retournées. Je presse mes lèvres au brillant vermeil l'une contre l'autre. Je ferme les yeux. J'inspire pendant sept secondes. Je retiens mon souffle sept secondes. J'expire pendant sept secondes. J'inspire pendant sept secondes. Je me retiens. Je le fais sept fois. Je me dis que ma mère m'a peut-être appris ça quand j'avais sept ans, mais rien n'est moins sûr.

Il y a une fille dont les gens calmes ignorent tout. La fille ado au point mort. Une paix immobile. Ça vient de nulle part sinon de notre for intérieur, mais ça ne dure que quelques années. Ça naît du fait de n'être pas encore femme. C'est totalement fluide et invisible. C'est l'œil du puissant cyclone qu'ils appellent *ma fille adolescente.* Dans ce lieu, on n'est pas perturbées par toutes les conneries que vous pensez de nous. Nos voix comme la pluie qui tombe. On est sereines. Douces. Avec une peau et des cheveux plus parfaits qu'on n'en aura jamais. Filles d'Ève.

Quand j'ouvre les yeux, je suis une fille zen.

« Faut le doubler », je dis calmement à Little Teena. Je jette un œil à Obsidienne. Elle ne sourit pas. Le sourire, c'est bon pour les gonzesses. J'enlève mes lunettes et tombe sur mon propre regard dans le rétroviseur.

« Magne-toi, faut qu'on y soit en premier ! je dis au rétroviseur. Gare-toi n'importe où, faut qu'on le file dès son arrivée. »

13

Des urgences de la clinique Virginia Mason émane une lueur fluorescente miteuse – la lumière pâle de la mort et l'odeur des fluides humains mélangés au Lysol. Les boxes des amochés qui arrivent ont tous de tristes petits rideaux bleus. Tous ceux en uniforme de couleur sont des stagiaires. Ça se voit. Les valises sous les yeux – d'épuisement –, une allure quasi pré-Columbine, cette façon désespérée de faire rouler les brancards et de prendre les constantes – les nuits de garde, la main tremblant d'excès de cocaïne pendant la prise de sang.

Little Teena a garé sa corpulence au bureau des infirmières en demandant des renseignements fictifs sur une personne prétendument disparue. Épinglée à son épaule, une minicaméra numérique Olympus qui fait pas mal penser à ces scènes où les flics parlent à leur épaule sur les lieux d'un crime. Avantages de la mini-Olympus ? Épure, finesse et compacité. On pourrait croire qu'ils se méfient de lui, mais non. Tout est dans le détail. Dans le parfait blazer marron années 70. Dans le léger plissé du boutonnage. La cravate rayée marron caca et jaune. Les chaussures, aussi – quand on porte les chaussures ad hoc, les gens croient n'importe quoi. Pas la peine d'être celui qu'on prétend être. Suffit d'être celui que les gens ont vu à la télé et auquel ils ont cru. Parce que, aujourd'hui, on a une télé à la place du cerveau.

Ave Maria a réussi à réquisitionner un chariot de vente ambulante rempli de trucs trop nazes. Shampoings, cannettes de jus de fruits. Fleurs artificielles et pathétiques ballons en laisse. Animaux en peluche et tasses à café ornées d'un « Prompt rétablissement ! ».

Je suis dans la salle d'attente des urgences sur un banc en similicuir, les bras croisés sur ma poitrine angora rose. J'ai la tête baissée, genre je suis très inquiète pour un proche. Mais en fait je règle le magnéto H4n dans mon sac de Dora.

Obsidienne, au bout du hall, passe mollement le balai à franges. Comme le chef Bromden dans *Vol au-dessus d'un nid de coucou.* Personne ne la regarde. Elle n'existe même pas. Connards.

Attachée à sa montre, la Mini Aiptek PenCam. Elle pèse seulement 45 grammes et mesure 3 × 2,7 × 8,6 cm. Le plus petit et le plus léger magnétoscope digital du monde. Elle redresse brusquement la tête et je suis son regard dans le hall.

Notre star.

Marchant à moitié, courant à moitié vers le bureau d'accueil des urgences, mon ami le Sig et son membre. Sa tête se tourne à gauche d'un coup quand deux infirmières philippines commencent à glousser. Pauvre Sig – il doit expliquer son état à un infirmier patenté tout sauf impressionné et portant une dent de crocodile au bout d'une chaîne. Sig fait peine à voir. Littéralement plié en deux. Il n'arrête pas de s'éclaircir la voix, de faire signe au petit commandant.

Je sais ce que pense le Sig. Je le sais ! Il pense que la dent de crocodile du mec est un talisman masculin. Probablement pour conjurer l'impuissance sexuelle.

Quoi ? J'ai jamais dit que j'écoutais pas.

Je murmure : « Tigre Un à Chauve-Souris, over. Le poulet glousse » dans mon Bluetooth. Ma voix canarde les membres de la bande. Tout le monde est en position. Tout le monde sait exactement quel rôle il tient. Nous sommes nos technologies.

Le mec au crocodile conduit Sig dans un box, lui donne une blouse d'hôpital et une couverture bleue pour se couvrir – ou pour dresser une tente ? Putain, la taille du truc...

La pièce de l'autre côté du Sig est vide – le lit à roulettes avec son oreiller pourri dans l'attente de la prochaine victime. J'ai toujours détesté ces pièces. Tous ces appareils qui vous sauvent la vie, toute cette machinerie qui se dresse, menaçante au-dessus de vous, comme dans *Alien*. C'est aussi le royaume des microbes, sauf erreur. Je sais que tout est censé être complètement stérilisé, mais je suis sûre que c'est pire que des pissotières de gymnase, là-dedans. Je parie qu'il y a des cellules de peaux mortes, des poils et des suintements partout. Comme dans les chambres d'hôtel.

L'endroit tout entier sent comme si quelqu'un avait chié du désodorisant.

Ave Maria pousse son chariot plein d'espoir pour crétins jusqu'au box de Sig. Je retrouve Ave Maria et fais semblant de regarder des trucs dessus, je tripote les tasses et les rongeurs en peluche, je me tamponne les yeux avec un mouchoir.

L'infirmier diplômé Crocodile met alors de la glace sur le chibre de Sig, pousse et dit : « Appuyez bien dessus, monsieur. »

Sig laisse échapper un petit cri étouffé.

Plusieurs blouses blanches entrent et disent des choses sérieuses au Sig. Lui posent des questions.

Debout devant le chariot d'Ave Maria, je pose la main sur une tasse attachée à un singe en peluche qui ressemble à un mutant. La tête du singe est trop grosse. Comme un singe trisomique 21. Qui peut se sentir mieux quand on lui offre un truc pareil ?

Je pointe mon sac Dora en direction du box de Sig. On enregistre tout – moi, Little Teena, Ave Maria et Obsidienne. On le transmet via Bluetooth à l'ordi qu'est par terre dans la Jag au parking. Voilà, mes amis, comment ça marche. Silence sur le plateau !

Trois. Deux. Un. Action.

« Monsieur Freud, avez-vous pris des médicaments pour troubles érectiles ?

— Sûrement pas ! » rembarre le Sig.

La blouse blanche hoche la tête et pose la même question en utilisant d'autres mots.

« Ils vous paient pour interpréter un idiot en formation ? » fulmine Sig.

Et merde. Pauvre Sig.

La blouse blanche rentre l'information dans un ordinateur et couvre les objections de Sig. On entend « Pria-pisme ». « Traitement par aspiration. Aiguille. Pénis.

— La vache ! » murmure Little Teena, qu'on entend dans les Bluetooth. « Ils vont lui drainer la bite ! »

Je grince des dents. Puis je me rends compte que je grince des dents.

« Passons en revue les différentes possibilités, monsieur Freud », dit le médecin au médecin.

C'est pile à ce moment-là que s'élève un vacarme inquiétant. Plus loin dans le hall, arrivant droit sur nous, un adolescent en fauteuil roulant. Il prend de la vitesse. Plus il s'approche, plus je vois qu'il est... putain. Euh, il est... genre Paralympiques ?

Trop smiley ? La frange coupée trop haut ? Putain ! C'est quoi ce délire ? Il a échappé à ses gardiens ? Je transpire des mains. Je secoue ma tête de Farrah en disant : « Non. » Ça va foutre notre plan en l'air.

Il faut que je vous dise un truc. Un jour, quand j'étais en CM2, je jouais à la marelle avec les filles de ma classe, et à mon retour, en passant devant le bâtiment du centre spécialisé pour handicapés mentaux, en direction de celui des enfants supposés normaux, est arrivé un adolescent un peu trop smiley. Il a marché jusqu'à notre marelle, toutes les autres filles ont commencé à pousser des grands cris, puis il m'a attrapée, m'a renversée comme dans les films et de force il m'a roulé un vieux patin. Avec sa grosse langue de handicapé. Je ne me suis jamais sentie aussi humiliée. Tout le monde m'a montré du doigt et a couru.

Sauf moi. Je me suis mordu l'intérieur de la joue si fort que j'ai saigné. Aujourd'hui encore je n'ai aucune idée de ce qui était en jeu. Par contre je sais que c'était intense, ce qui s'est passé entre nous.

Du coup quand Paralympiques déboule à toute pompe en beuglant et se tape l'incruste, je ressens un zeste d'admiration. Mais regardez-le ! Il hurle comme un demeuré ! Et puis je vois les aides-soignants de l'hôpital lancés à sa poursuite, mais Paralympiques les plante là et passe à toute blinde devant nous en se marrant comme un fou. Nos regards se croisent une seconde et il me fait un clin d'œil ! Je ne peux pas m'empêcher de rire dans mes moustaches.

Et voilà les aides-soignants qui font des dérapages en lui courant après, en tenue vert d'eau avec de petits chaussons recouvrant leurs chaussures – un d'eux manque de se casser la gueule en prenant le virage.

Franchement, c'est quoi ce binz ? Il l'a échappé belle.

Je fais signe à Obsidienne, qu'elle nettoie le sol plus près du Sig. Le médecin parle des érections réfractaires aux traitements, quand... Nom de Dieu, le revoilà ! Paralympiques ! Il a été plus malin que les aides-soignants dans le dédale des couloirs de l'hôpital. Je le regarde de plus près quand il approche – il semblerait qu'on l'attire comme un aimant. On a l'impression qu'il comprend où il y a de l'action, qu'une sorte de sixième sens dans cette grosse vieille caboche lui commande de courir. Il hurle quelque chose d'absolument incompréhensible. D'un seul coup je le vois différemment. Il a la fureur de vivre, ce gars. C'est le ça débridé qui sème la zizanie dans les couloirs pleins de dégueulis de l'immaculée institution.

Quand il arrive à la hauteur d'Obsidienne... et merde ! Il lui attrape le cul. Avec un petit cri et un sourire entendu. Nom d'un petit bonhomme. Même les mecs des Paralympiques bandent comme des taureaux. Il en perd presque le bras quand elle le cogne avec le manche à balai. Il braille un peu, mais continue de sourire. Nom de Dieu.

Et puis les gueulements reprennent. Sig s'écrie « Vous vouliez me poignarder la bite avec une seringue géante et m'aspirer le sang, espèce de chacal ! » On dirait que Paralympiques beugle une réponse. La couverture bleue de la dignité du Sig tombe au sol. Je vois ses vieilles jambes toutes maigrichonnes. Je peux presque voir au-dessous de sa blouse. Sueur sur ma lèvre supérieure, sous mes nichons et entre mes joues-fesses. J'ai chaud. J'ai un putain de pull angora et un véritable casque de cheveux – combien de kilos peut peser ce truc ?

Ensuite j'entends : « Monsieur Freud, avez-vous absorbé des narcotiques ? »

Un instant, le lieu tout entier se fige. Même le smiley.

« Bougez-vous le cul, bougres de crétins ! » hurle Sig, brisant la transe. Un truc de dingue : il les Tourretise carrément... des infirmières débarquent de partout.

« Tango un à Tango deux, murmure Ave Maria, c'est dans la boîte... »

Des gens dans la chambre de Sig disent des trucs que je peux pas entendre. J'ordonne : « Tout le monde intervient ! »

Sig agite les bras dans tous les sens tandis que Little Teena coince un aide-soignant à proximité. Il demande à voir un vrai médecin au moment où Ave Maria fait comme si son chariot était coincé, pile devant la scène. Une fraction de seconde, Sig plante ses yeux dans les miens et la tasse avec le singe dans ma main. Il arrête de crier et me fixe.

Merde. Est-ce qu'il me voit ?

Je lui montre la tasse singe et je retiens mon souffle. Prompt rétablissement.

Une idée me traverse l'esprit. Regardez-moi. Voici mes yeux. Ma bouche. Je brandis cette tasse à la con entre nous.

Par chance, Paralympiques hurle « Mouette ! » à pleins poumons, applaudissant et respirant comme un fou. Il opère une splendide diversion. Et me sauve la peau.

« Pour l'amour de Dieu, quelqu'un peut-il fermer ce satané rideau ? » dit seulement le Sig.

Puis ils ferment le rideau bleu entre nous.

Je balance à Paralympiques ce que j'espère être un regard de sincère gratitude... il sourit si fort que sa bouche lui fend presque le visage en deux.

« Faut que j'entre là-dedans, je murmhurle dans mon Bluetooth.

— Vous êtes givrés ou quoi, grogne Little Teena.

— Pas question que je rate ça ! » je réplique.

Puis on entend tous un murmure bizarre déchirer nos tympans, qui vient d'Ave Maria, devant son chariot. « Sers-toi du singe ! Sers-toi du singe ! Je lui ai coupé la gorge et j'ai fourré une minicam espion dans la tête ! »

Je jette un œil à la tasse dans ma main. Singe à grosse tête. Prompt rétablissement. C'est clair, il y a une caméra dans sa tête, vu que son œil sort par sa bouche de singe détraqué. Mais comment faire entrer ce truc dans le box du Sig ? D'un coup, ça paraît évident.

Je regarde Paralympiques.

Paralympiques me regarde.

On se comprend sans dire un mot : il voulait en être depuis le début du début. Il fera pas foirer notre plan. C'est un putain d'acteur. Je lui fais signe. Son visage se fait grave, il avance la tête et serre la mâchoire. Avant que j'aie pu dire « Bombe humaine », je colle la tasse singe dans le giron de Paralympiques. Il empoigne les bras de son fauteuil et baisse la tête, paré pour l'action. On voit les aides-soignants à l'horizon dans le hall. Je saisis les poignées de son engin et pousse le fauteuil roulant aussi fort que possible jusqu'à ce qu'il transperce le rideau du box de Sig. Dans une pagaille monstre, ils essaient de dégager le gamin de là. Mais il joue son rôle à fond et cale la tasse singe dans l'aine du Sig en hurlant : « Prompt rétablissement ! Prompt rétablissement ! » De plus en plus fort. Rien ne peut l'arrêter. Il est grand, il est magnifique, il a ça dans le sang. Une des infirmières essaie de reprendre la tasse singe à

Paralympiques, mais il a une poigne surhumaine. « Prompt rétablissement, gémit-il.

— Éloignez ce demeuré de moi ! » stridule Sig. Comme le rideau est grand ouvert, je vois sa blouse remontée. Apparaît alors son chibre-gratte-ciel, qui semble bien plus jeune que je ne le pensais. Pas gris pas plissé du tout. Rouge. Énorme. Monstrueusement viril. Sentant un peu le hot-dog.

Mon très estimé collègue en fauteuil roulant colle littéralement la tasse sur la bite du Sig. Mais la bite ne cède pas. Une infirmière finit par arracher la tasse de sa poigne. « Ça va aller », dit-elle à mon protégé. « C'est vraiment gentil à toi », ment-elle en lui caressant la tête. « Comme c'est délicat de ta part », assène-t-elle d'une voix des plus condescendantes et horriblement autoritaire à la fois. Un instant je songe à la poignarder avec une fourchette. Puis elle pousse mon ami-appât à l'extérieur du hall où le troupeau des aides-soignants garde le suspect.

Paralympiques applaudit comme un fou. Quelle performance ! J'hallucine. Faut bien l'encourager, le gars. Je sais que c'est un risque à courir, mais je m'en fous. Je vais me poster juste devant lui comme si je le connaissais depuis toujours. « Camarade, j'annonce.

— MOUETTE », qu'il me chante.

Je lève la main en l'air devant lui.

Il lève la sienne.

Je lui tape dedans virilement, puis je le salue et tourne les talons pour partir.

En m'éloignant, je murmure : « Repli général. Rendez-vous à la Jag. Go ! »

Ave Maria trimbale son chariot jusqu'au coin et l'abandonne. Little Teena remercie les employés à l'accueil des urgences pour leur disponibilité. Obsidienne pose son balai contre un mur et s'éloigne.

Je me lève et je cours de façon spectaculaire genre feuilleton à l'eau de rose, comme une femme en pleine détresse qui n'en peut plus. Dieu sait où ils emmènent mon ami beuglant, au moins il aura eu ça.

Dans le parking, à l'intérieur de la Jag, on se recroqueville tous les quatre contre l'ordi, dans la lueur de son écran LCD. À l'image, le box du Sig paraît en mode fisheye. Oppressant. Et on voit de la fourrure de singe sur les bords du cadre.

« Putain de Tout-puissant, dit Little Teena, on a l'impression de regarder par le trou d'une fente. »

Ensuite apparaît à l'écran une aiguille argentée aussi grosse qu'une seringue hypodermique pour rhinocéros. La blouse blanche la pointe vers le vit du Sig.

« Doux Jésus ! » crie notre Sig de bande dessinée depuis l'écran d'ordinateur.

« Putain de merde, dit Obsidienne.

— Aïe », ajoute Ave Maria en fichant ses mains derrière le bavoir de son habit rose de stripteaseuse.

Moi, je me sens juste mal à l'aise. Un peu comme si je regardais une personne âgée se chier dessus. Ma lèvre supérieure transpire. Ma tête est trop lourde à cause de Farrah. Et pour une raison inconnue, ça pulse dans ma chatte.

Quand ils lui plantent l'aiguille dans la queue, son visage s'immobilise. Comme si son pénis allait cracher du feu. J'avale de l'air et je coince les mains entre mes jambes. Il ferme les yeux, grogne, tangue. S'agrippe aux bords du brancard. La peau de son membre est rouge, violette, gonflée. Ma tête me fait mal. Mes oreilles brûlent. Sig gémit et jette la tête en arrière. Je vois le sang aspirer les pulsations de sa bite et migrer lentement vers l'intérieur de la seringue. Je relève mes cheveux.

Putain. De. Merde. Je suis grave crémeuse. Va falloir changer de culotte.

Médecins et infirmières évoquent le mot « drain ». Surgit une vague de blanc au moment où ils passent à l'action. Sig hurle : « Prenez des sangsues, tant que vous y êtes ! Vous vous croyez au Moyen Âge ? Il essaie de s'enfuir. Des élèves infirmières le maintiennent. Je me rends compte que je m'agrippe à mes cuisses au point de laisser des marques.

« Tu peux faire un zoom ? » je dis, surprise par la froideur de ma voix.

Je regarde le scalpel se rapprocher petit à petit de la tête de son pénis. Au moment où la lame sculpte un petit sourire rouge sur le bout de sa bite, Sig hurle comme un cochon qu'on égorge.

Ave Maria balance un contre-*ut*.

L'urologue en a le souffle coupé.

Je hurle : « Putain ! »

La queue du Sig – je déconne pas – envoie du sang dans toute la pièce ! Un jet de rouge repeint la blouse blanche du Dr A. Une petite goutte vole jusqu'à l'objectif de la caméra singe. Beurk.

Maintenant je sais pourquoi on a besoin du mot « gémir » dans notre langue, à cause du son émis par Sig, qui gémit gémit gémit.

Le silence règne un temps dans la Jag.

« Coupez, je dis. Ouvrez ces putains de vitres ! » On prend tous une profonde respiration.

« Ida, demande Obsidienne.

— C'est dans la boîte », je dis en me frottant les mains et en essuyant la transpiration de ma lèvre supérieure. « Vous avez vu ça ? C'était quelque chose, putain ! » Ma voix sonne un brin hystérique. Il s'en passe de drôles dans ma culotte. Ave Maria se balance en fredonnant l'hymne national, *The Star Splangled Banner*. Doucement.

« Ida, répète Obsidienne.

— On s'arrache de là », je dis, mais Obsidienne prend ma tête dans ses mains et la tourne vers la fenêtre de la Jag. « Ben quoi ? je dis. Faut faire un montage chronologique des images. » Je remarque que ma voix et mes mains tremblent.

« Ida », dit Obsidienne en maintenant ma grosse tête de Farrah dans ses mains, puis en la tournant doucement et en dirigeant mon regard vers un homme sur un brancard qu'on décharge d'une ambulance à côté de nous, « ce serait pas ton *père* ? »

14

C'est dur de regarder son père quand sa peau est couleur cendre de cigarette. C'est dur de le regarder lutter pour respirer avec toutes leurs saloperies, tout ce qu'ils lui ont enfilé dans le nez, collé sur le visage et la poitrine.

C'est surtout dur d'attendre la longue attente des services d'urgence. Il n'y a rien – et quand je dis rien, c'est rien – à « faire ». On reste assis sur les fauteuils pourris en similicuir à lire des magazines pourris comme *Home Decorating*, *Sailing*, *Newsweek* et à regarder le temps s'arrêter. Les horloges merdent. Elles bougent pas comme des horloges normales, juré craché.

Les autres gens présents me font penser à de la merde en boîte. Des valises sous les yeux, un peu trop d'espoir dans la poitrine. Ils ont à la main des gobelets en polystyrène pleins d'un café au goût de terre et portent les mêmes habits depuis des jours et des jours. Leurs cheveux font super dégueu. Les femmes arrêtent de se maquiller et les hommes de se raser.

Je vois la perruque Farrah tout au fond de mon sac. Il y a quelques heures à peine je dirigeais l'action. Maintenant je me sens soixante centimètres plus petite et j'ai l'impression que ma bouche est remplie de métal. Je crois que je me mords la langue. Sans ma perruque Farrah, j'ai l'air de n'importe quelle pauvre gamine chauve. Bon Dieu. Je parie qu'ils me croient tous en chimio.

Le cœur de mon père l'a attaqué.

C'est clair que je le dis à l'envers, mais ça me paraît plus juste comme ça. Dans une attaque normale, la circulation sanguine est interrompue. Des cellules cardiaques meurent. Dans le cas de mon père, je crois qu'il y a autre chose.

Mon cul vibre. C'est Little Teena. Il me textote : « t ok ? » Je regarde l'iPhone dans ma main. Elle tremble. Super. À même pas dix-huit ans, je suis déjà une cinquantenaire névrosée. Je lui textote : « ok. sui a 1 osto. c auch. me fodré vcdn. »

Les urgences. Ouais. J'essaie de me rappeler la configuration précédente. Il y a sûrement moyen de dégoter quelque chose par ici. Où où où où où ai-je vu l'armoire des unidoses ?

Cette salle d'attente sent le pet vieux d'un jour. Malheureusement il y a un loser en face de moi dont la seule défense est de parler sans interruption. Je découpe des formes avec mes ongles dans le pourtour de mon gobelet d'eau boueuse. J'essaie de ne pas voir la raclure de bidet en face de moi qui blablate sur sa femme qui veut élever leur enfant d'une façon totalement différente de la sienne. Femme dont il est séparé. Putain ce qu'elle a eu raison.

« C'est une question de valeurs », sort de son sifflet, « faut pas se tromper, d'entrée de jeu. »

Ce mec veut envoyer son gosse dans un camp de Khmers rouges chrétiens. Je le jure devant Dieu – si Dieu existait –, je lui mettrais un coup de pied dans les parties, à cette enflure de chrétien. Mais

Dieu n'existe pas. S'il y a quelque chose, c'est un anti-Dieu. Doté d'un sens de l'humour très pervers.

Je retournerais bien dedans pour voir mon père, mais faut que j'y aille à dose homéopathique. Je me sens super mal. Le bruit des appareils d'hôpital, la mort qu'on repousse et son odeur. D'ailleurs sa tête a l'air bizarre, accrochée de partout à des trucs d'hosto.

J'ai six ans.

Je me trouve avec mon père sur le bord d'un estuaire qui est un refuge d'oiseaux. Marécages, bouleaux et fougères s'étendent devant nous, divisés par de petits ruisseaux d'eau fraîche qui s'entrelacent à travers les herbages et le sable.

Mon père fouille dans son pantalon de père en velours côtelé qui sent le savon Irish Spring et l'eau de Cologne Good Life – une fragrance d'ambre épicé qui s'apparente à un mélange d'agrumes, lavande, épices sucrées, bois de santal, que je reconnais après avoir lu l'étiquette dans sa salle de bains quand il n'est pas là – il fouille dans sa poche, en tire quelque chose et dit : « J'ai un cadeau pour toi. »

Mon père me donne un appareil Kodak Instamatic. Je le sais parce qu'il met son index de père sous chaque mot et qu'ensuite on dit les mots ensemble : « Appareil. Kodak. Instamatic.

— C'est pas un jouet », me dit-il. Il met la boîte jaune et noire avec des inscriptions rouge et bleu dessus, et un petit œil noir dans la petitesse de mes mains. Je me sens très sérieuse. Ou j'essaie.

C'est comme ça qu'on le tient et qu'on regarde dans la petite fenêtre de visée.

C'est comme ça qu'on cadre, en photo – on fait semblant de construire une boîte autour de ce qu'on voit –, c'est comme ça qu'apparaîtra l'image.

C'est le bouton sur lequel on appuie pour prendre le cliché – ici –, écoute, tu entends le « clic » ?

Et ensuite c'est comme ça qu'on fait avancer la pellicule – tu vois cette petite mollette – on met son pouce dessus – essaie – oui, comme ça, et continue de le faire avancer jusqu'à ce que ça s'arrête.

Ensuite on est prêt pour le cliché suivant.

Il y a des instructions. Soudain je veux qu'il les redise encore depuis le début. Encore. Encore. Ordonner le monde.

Il s'agenouille même un peu plus bas pour être au niveau d'un œil d'enfant et j'applique l'appareil contre ma rétine. Il tend son bras de père devant nous en direction de la campagne et dit : « Maintenant tu peux choisir toi-même ce que tu vas photographier.

— Photographier ? je dis, en baissant l'appareil.

— Prendre une photo. Ça veut dire prendre une photo. »

Je me tourne vers lui, je lui mets l'appareil sous le nez, il commence à rire et dit : « Non, Ida, tu peux prendre n'importe quoi en photo ici, sauf moi. Sauf moi... » mais je le prends en photo en train de rire, je prends son oreille, son menton. Son œil et le haut de sa tête. Ses chaussures. Maintenant on rit tous les deux.

Ensuite il me soulève, me met sur ses épaules et dit : « OK, OK », et toujours plus ou moins en train de rire, il dit : « Prends-les, tes photos. »

Je le fais. Je prends tout en photo, dans ce monde.

Il s'est passé BEAUCOUP de choses depuis mes six ans.

Si seulement la tête de mon père redevenait normale.

Mon portable vibre. Ave Maria. « é ton rep ? » Comment il va. Je me lève pour aller voir. J'ai la tête qui tourne. Je me rassois et j'attrape mon iPhone.

« Vivant », je textote. Puis je vois du beige passer à toute vitesse.

Ma mère rôde dans la chambre de mon père comme un fantôme. Même moi j'ai du mal à dire quand elle est là ou quand elle n'est pas là. Elle porte un pantalon blanc cassé et un pull jaune. Et vous pouvez me croire quand je dis qu'elle est raccord avec le décor couleur terre. Je la suis. Je reste debout juste à l'extérieur du box, hors de vue. Elle ne lui dit rien. Elle se penche vers son visage comme si elle allait lui caresser doucement la peau ou l'embrasser. Mais elle ne le fait pas non plus. Elle se penche juste vers son visage et ferme les yeux, puis remet ses cheveux sur le côté.

J'ai douze ans.

La porte de devant de l'immeuble s'ouvre et il y a un arbre avec des fleurs blanches dressé là. Non, c'est mon père qui rentre du travail les bras pleins de lis pour ma mère. Il contourne le giganténorme bouquet et sourit. Sourit si fort que son visage a l'air bizarre.

Elle ne sourit pas.

Elle promène le dos de sa main sur les notes du demi-queue qu'elle n'a pas touché depuis des années. Dans l'autre main, un whisky glace. Devenu un seul et unique mot pour moi : whiskyglace.

Son bonheur à lui réside dans son pantalon.

Je me demande brièvement s'il sent la même odeur que madame K, dans son pantalon. Le parfum des lis occulte tout.

Je suis venue dans la cuisine pour me prendre un Coca. Je les vois par la fenêtre qui donne dans le salon. Sa tête heureuse pousse l'énorme bouquet de fleurs à l'odeur écœurante de douceur contre son visage à elle.

Elle les embrasse comme elle embrasserait un enfant et, l'espace d'un instant, je crois voir de la couleur dans ses yeux. Un des coins de sa bouche se contracte brièvement. Je suis cloué sur place, mon Coca en suspens, bouche bée, les regardant tous les deux.

C'est mal.

Sa tête heureuse.

Pantalons.

Son plaisir à lui signe sa mort à elle.

Lentement, aussi lent qu'on peut l'être à douze ans, de ma main libre je sors mon iPhone de ma poche arrière. Je le place en hauteur, je le règle pour filmer, je le pointe sur eux. Mais les gosses de douze ans sont empotés, maladroits, et ma mère me voit bouger du coin de l'œil au moment où j'appuie sur le petit bouton rouge.

« Ida, ne fais pas ça », dit-elle en tenant les fleurs géantes devant sa tête.

Puis elle fuit plus ou moins – sort en courant du cadre. De la pièce, j'entends. Dans ma main elle ressemble à une femme avec une tête florale, là où devrait être sa tête humaine, fonçant à l'abri. J'entends la porte de la chambre se fermer du bout du couloir.

Puis ne restent dans la pièce que mon père et l'odeur de quelque chose de trop sucré.

Comme l'enfance.

Je retourne dans la pièce où les gens attendent qu'il se passe des trucs tragiques. Putain.

Le plus bizarre là-dedans, c'est que madame K soit là aussi. Elle s'arrange pour aller dans sa chambre à lui quand ma mère n'est pas là, quand ma mère est partie récupérer de la fausse nourriture à la cafétéria ou partie marcher dans le dédale des halls de l'hôpital.

Elle fait le guet ou bien ? J'arrive pas à savoir où elle se planque. Mais visuellement, c'est plutôt le contraire de ma mère. Madame K a des cheveux d'un roux flamboyant. Beaucoup. Mythique. Madame K a un cul rond et rebondi en forme de cœur. Celui de ma mère a glissé en bas de ses jarrets il y a des années. Madame K a de gros nichons – des gros nichons des années 1950. Ceux de ma mère tentent lentement de se cacher sous ses aisselles comme des œufs sur le plat apeurés.

Ma mère sait que madame K est là. Clairement. Mais elle a si bien peaufiné son déni qu'elle pourrait devenir sourde et aveugle sur-le-champ. Si je pense à tout ça plus longtemps, je vais me mettre à gerber sur les genoux de ce jacteur de chrétien. Je regarde ma mère passer juste devant moi, le long d'un hall que Paralympiques a récemment parcouru. J'espère qu'il prend soin d'elle.

BIEN SÛR j'ai l'épisode de Sig en tête. À l'heure actuelle il est probablement en train d'aspirer une table entière de coke pour soulager son mal de bite. Pour être sincère ? Je regrette de ne pas être avec lui. Bizarre, non ?

Le jus de chaussette inonde soudainement mon entrejambe. J'ai découpé une tête de chimpanzé à l'ongle dans le gobelet en polystyrène et il y en a maintenant partout. La pie chrétienne arrête de jaser une seconde, jette un œil à mon entrejambe mouillé, sourit, puis continue. Tous des vicelards, ces chrétiens.

Un peu l'impression de suffoquer. L'air de l'hôpital – vous saviez qu'il était entièrement conditionné, dans le complexe ? L'air frais n'existe pas ici. Il est en circuit fermé et stérilisé. Comme dans un vaisseau spatial. Je m'élance vers la cage d'escalier et les lettres rouges d'une enseigne « sortie ». Je suis debout dehors sur une plate-forme entre les étages et j'essaie de respirer comme quelqu'un de normal. Je ferme les yeux. Pour une raison à la con, j'ai un flash avec le gros cul lumineux de madame K. Brièvement il paraît facile de sauter. Ce qu'accentue le vertige que je ressens. Je me gifle la joue le plus fort possible. Aïe. De quoi vous réveiller de bon matin. Ensuite j'essaie de sourire-grimacer comme un chimpanzé.

C'est à ce moment-là que j'ai ma révélation. La fille malade a un père malade qui a une maîtresse malade qui a un mari malade qui saute sur la fille malade.

Ce n'est pas la révélation.

J'entre à nouveau dans le complexe hospitalier. Les médocs, dans la plupart des services d'urgences, sont dans une pharmacie spéciale contenant des casiers de médication et des réfrigérateurs qui stockent des quantités limitées dans des récipients unidose. Si vous saviez à quel point on laisse sans surveillance ces pharmacies et ces frigos. Il y a pourtant du monde, aux urgences. Alors piquer du Vicodin, c'est du gâteau. Surtout pour qui a un couteau suisse Édition spéciale. De ce côté-là, j'assure.

Après avoir empoché la schnouf, je vais dans la chambre de mon père. Il a l'air mort. Mais à l'oreille on ne dirait pas qu'il est mort. Sa respiration est – comme ils disent – superficielle et laborieuse. Putain de merde, pourquoi ça a tant d'importance, les pères ?

Mon père et moi dans une pièce qui sent le gel hydro-alcoolique et les sacs à vomi en plastique. Avant de comprendre ce que je fais, je sors mon Zoom H4n de mon sac Dora. Avant de pouvoir m'arrêter, je le place près de son visage. Je l'allume. Je règle les niveaux.

« Papa », je dis.

Le bruit seul de lui respirant, amplifié, enregistré. On dirait... un cheval. Une sorte de poing gonfle dans ma poitrine et mes yeux me démangent. Je fixe le H4n. Son écran LCD brillant. Ses micros argentés qui s'entrecroisent. La seule autre chose que je sais faire. Bien mieux que d'être une fille. Je m'en vais. Pourquoi je retiens ma respiration, merde ?

J'entends encore Bouche chrétienne parler. Je regarde au bout du hall à droite. Personne. Je regarde à gauche. Rien. Tout sent le Lysol vieux d'un jour et la médecine.

Mon cul vibre à nouveau. Obsidienne. Elle me textote : « veu te voir... » Ma gorge se serre. Je ferme les yeux. À ce moment-là et à ce moment-là seulement, je pleure. Comme une gonzesse. Je colle son message contre ma joue. Un blaireau en blouse médicale me demande si je vais bien et je manque lui en retourner une avec le H4n. Je montre les dents avec ma tête de chimpanzé.

Cette connerie de lumière fluorescente me bourdonne sur le crâne. Je me sens seule et demeurée. J'ai envie de dévaler un de ces halls pourris, de trouver Smiley. Je veux mettre mon visage dans les cheveux d'Obsidienne. Je veux presser toute ma peau contre toute sa peau. Mais je m'évanouirais. Sûr et certain.

C'est la révélation : il n'y a pas de mère ici. Elle n'est pas là pour dire : « Connard de chrétien, c'est ma fille. » Elle ne veut pas entendre parler de tes compétences parentales merdiques. Son père vient d'avoir une grosse attaque et de subir une opération à cœur ouvert. Autofiste-toi tout entier.

Elle n'est pas là pour dire à madame K : « C'est mon mari, pov' tepu. » Un pas en arrière ou je t'irradie de la voix.

Elle n'est pas là pour faire des grimaces de chimpanzé avec moi.

Je cours en faisant le plus de bruit possible jusqu'aux grosses lettres rouges de l'enseigne « sortie ». Je lève les yeux. J'ouvre la bouche. « C'est toi ma mère ? » sont les mots que j'essaie de dire à voix haute. Mais rien ne sort.

Je tousse. Un bruit bizarre étrangle ma gorge.

C'est ma voix.

Elle est partie.

15

Je suis à nouveau privée de sortie. Pour ce qui est de la raison, c'est un peu abstrait. Passons.

À la maison, dans ma chambre, j'écris sur les murs avec mon marqueur violet, sous mon poster de Nico : « Cher Francis Bacon, Je ne veux plus parler car les bouches ne sont pas faites pour ça. Je sais qu'une bouche n'est pas une bouche. Et dans tes peintures ? Toutes les bouches sont barbouillées de façon insensée. » Je referme mon stylo. Je le remets dans mon sac à dos.

J'ai un couteau suisse. Le modèle Élite personnalisé. Il vous coupe même les cigares. Je l'ai volé à monsieur K il y a un an. Je le sors de mon sac à dos. J'ouvre deux des lames. Je suis allongée sur mon lit comme une morte. Je ferme les yeux. Je promène les lames sur mon ventre lentement, doucement. C'est relaxant. Je peux découper une nouvelle bouche n'importe où sur mon bide. Mon intestin. Ma clavicule. Mon biceps. Ma cuisse.

Je sors le coupe-cigares. Je ne vois que Sig.

Approximativement un quart de tous les infarctus sont silencieux, sans douleur dans l'abdomen ou autres symptômes. Apparemment c'est ce qui est arrivé avec mon père. D'après ma mère il est rentré du travail ce soir-là, s'est fait un whisky à l'eau, a desserré sa cravate, l'a saluée, est entré dans le salon, a mis du Thelonious Monk et, au ralenti, il a comme « dégonflé », il s'est écroulé au sol. Ils disent que l'attaque est arrivée un peu plus tôt dans la journée. Là, c'était tout simplement son corps qui finissait par répondre.

Ils ont déménagé mon père dans une chambre normale, alors qu'il est toujours accroché à plein de trucs affreux. Il est des nôtres par intermittence. Quand il voit ma mère, il fixe son visage, puis regarde ailleurs et se rendort. Quand il me voit, il a le regard tout vitreux. Je vois deux têtes d'Ida dans ses quinquets. Ça fait froid dans le dos et souvent ça me donne envie de faire pipi. On ne reste pas longtemps.

Plus tôt dans la journée, à l'hôpital, j'ai entendu le rire de madame K sortir de sa chambre. Alors j'imagine qu'il va mieux. Elle a un rire qui fait penser à un opéra joyeux. Il me rend gaie, triste et furax en même temps.

Mon lit sent l'ado[1]. J'ouvre les yeux. Je regarde les fissures à mon plafond. Puis je remonte mon tee-shirt et je regarde mon ventre. Tendu entre mes hanches, il ressemble à un super skatepark. Je relève encore mon tee-shirt et je fais une incision bien droite juste au-dessous de mes côtes à droite. Je sens le trait cramoisi naître au bout de mes doigts. Il ne sourit pas.

1. L'auteur écrit « My bed smells like teen spirit ». C'est possiblement un clin d'œil à Kurt Cobain et à la chanson de Nirvana « Smells like teen spirit ». Par ailleurs, Teen Spirit est un déodorant féminin. On pourrait aussi traduire l'expression *teen spirit* par « l'esprit de l'adolescence ». (*N.d.T.*)

Maintenant que j'y pense, ma mère n'a pas vraiment dit : « Tu es privée de sortie. » Elle a dit : « Le traumatisme de la situation présente l'emporte sur tes petites manigances et tes voyous de copains. » C'était glacial. Je crois que la voix tue les cellules de la peau et des cheveux, comme les radiations. Parce qu'on parle rarement ? Elle est totalement indifférente à l'état de ma voix. En fait, je crois qu'elle sait même pas. C'est quelque chose, non ? Je suppose que je pourrais lui envoyer un texto, mais franchement, à quoi bon ? Mon silence ? Il était garant de l'ordre à la maison.

Je suis un peu inquiète, quand même. Toutes les fois d'avant, je faisais semblant. Perdant ma voix si nécessaire. La plupart du temps en tout cas. Hormis la fois au lac avec monsieur K. quand il a collé sa langue au fond de ma gorge et que j'ai dû lui mettre un coup de genou dans les noix. Ça fait cinq jours que ma voix a disparu. Il n'y a pas grand-chose à y « faire ».

Bon d'accord, c'est un mensonge. Il y a peut-être quelqu'un qui pourrait m'aider à la récupérer... j'ai une empathie nouvelle pour ce petit coucou coincé dans la pendule de Sig. Cela dit, aujourd'hui, ça m'étonnerait.

Il doit avoir compris maintenant que c'est bibi qui lui a fait ingurgiter Viagra et cocaïne. Finaud, le vieil homme. Je me dis que c'est sûrement fini entre nous. Ça a sûrement de l'importance, mais je ressens juste une heureuse piqûre sous ma côte. Je me suce les doigts et je sens le métal.

À dix heures mon iPhone vibre. Tout le monde se retrouve chez Marlene. Je remplis mon sac à dos et je sors par ma fenêtre, je descends l'escalier de secours tandis que les derniers bruits de glaçons tintant dans un verre s'estompent. L'automédication préférée de ma mère. Et la mienne ? Du Xanax, pour l'essentiel.

Vous savez qu'au début on utilisait le Xanax pour les troubles de panique. Le premier groupe pharmaceutique à produire du Xanax était Upjohn[1]. Upjohn ? C'est pas tordant, franchement ? La connotation n'a effleuré personne ? Et le vrai nom était Alprazolam. Ce qui fait un peu Flash Gordon ou nom de super-héros. Vous savez qui me l'a dit ? Sig. Pourquoi je continue de penser à lui ? Ce trou bizarre dans ma gorge, c'est lui ? Et merde. Qu'on m'achève.

En bas de l'escalier de secours, j'essaie de me vider la tête de ces pensées stupides. Mon nom de drogue préférée, c'est l'Aciphex. Dites-le à voix haute quelques fois de suite. Rigolade garantie.

Vous n'imaginez pas à quel point je me sens mieux quand je ne suis pas dans la boîte de fille nazie – notre soi-disant foyer. Dix heures du soir dans le centre-ville de Seattle, c'est über cool. Tout a la couleur des bleus. Les devantures des magasins et les restaurants forment comme des rangées de petites grottes à demi éclairées. Chaque passage sent le pipi, mais c'est une odeur familière.

Une odeur de centre-ville. Ça sent la vie. Parfois on entend le bruit de sabots des policiers à cheval. Je me grouille pendant quelques blocs jusqu'au 7-Eleven et je m'achète un Pez avec la tête d'Ernest, d'*Ernest et Bart.* Vous savez, *1, rue Sésame.* En quittant la boutique, je vide le Pez et je le remplis du Vicodin que j'ai piqué aux urgences. Ça rentre nickel. Génial. C'est Obsidienne qui m'a montré le truc. Je mets le Pez à tête d'Ernest dans mon sac de Dora.

1. Upjohn peut signifier « bite en l'air » en argot. (*N.d.T.*)

La bande se retrouve chez Marlene pour se refiler des drogues et se détendre un peu. Je crois qu'ils essaient de prendre soin de moi. Comme le ferait une famille, quoi. Si la famille existait. J'imagine qu'ils font tous semblant d'avoir une copine triste et muette.

Après huit blocs, trois clochards et un policier à cheval demandant à un étudiant soûl de marcher droit, j'arrive chez Marlene.

Quand elle ouvre la porte, je souris. Largement. En fait, je souris presque comme si je beuglais. On n'a rien vécu tant qu'on n'a pas vu Marlene dans sa robe ancienne en velours vert à la Scarlett O'Hara. Avec l'éventail !

« Ma côtelette d'agneau ! » dit-elle, en faisant frissonner son éventail.

Et hop, un coup de violon.

Dans l'appartement de Marlene, il y a nous. Moi, Ave Maria, Little Teena et Obsidienne, assise sur le plan de travail de la cuisine. C'est plus fort que moi, je ne vois qu'Obsidienne. Le jean d'Obsidienne est élimé aux genoux et sa peau est brune comme du vernis désertique d'Albuquerque. Son tee-shirt blanc est remonté aux épaules à la James Dean. Ses cheveux noirs... battent le mot « nuit » à plate couture. Pas un mec sur Terre ne mouillerait plus pour cette fille que moi. Je relève ma chemise. Elle regarde ma petite bouche sans expression. Elle sourit. Se lèche les lèvres.

Marlene, version Scarlett, prépare des mint-juleps à tout le monde. On étale notre came sur la table de la cuisine et on partage. Je pose mon Ernest et quelques Xanax.

On ne balance pas que ça sur la table de la cuisine. On balance des cartes mémoire à grande capacité. Des disques durs externes d'un térabit, de la taille d'un petit portefeuille. Tout ce qui a été enregistré sur le Sig. On fixe la table. Personne ne dit rien. Personne ne me pose de questions sur mon père, Dieu merci. Je récupère tout ce qui a été enregistré et je le fourre dans mon sac à dos, dont je referme la fermeture Éclair aussi vite que possible. Je leur avais tout textoté avant mon arrivée. « Pas de voix. » Ils sont déjà passés par là, avec moi. Ils savent qu'il ne faut pas plaisanter. Mais ils ont l'air tellement sérieux. Je les regarde tous l'un après l'autre. Je fais une grimace de chimpanzé. Tout le monde rit.

« Je vais caresser de l'ivoire pendant un mois, chez Tula, le dimanche à 16 heures, annonce Little Teena.

— Tula, c'est celui avec la bouffe méditerranéenne ? demande Maria. Je crois que ma mère m'y a emmenée une fois. On a entendu Sax Attack Quartet jouer, si je me souviens bien. Ma mère s'est pris une cuite et ils ont appelé un tacot. »

Obsidienne rit – mais son rire est un roulement profond qui sonne comme si elle était en permanence foncedée ou illuminée. « Sax Attack Quartet ? Sérieux ? »

J'ai envie de dire : « On la croirait vraiment sous Aciphex » et puis on rirait tous, mais je ne peux pas.

« Tula ! » lâche Marlene avec sa voix épaisse de miss du Sud. « Wynton Marsalis a dit un jour *Très sympa, cet endroit* en parlant de Tula. »

J'ai toujours su que les doigts de Little Teena le mèneraient quelque part un jour. C'est vraiment un pianiste époustouflant. Autrefois ma mère l'a entendu jouer sur notre demi-queue aujourd'hui silencieux et elle a posé la main sur son épaule comme s'il était le fils qu'elle n'a jamais mis au monde. Pour elle ? La marque d'une profonde affection. D'un respect artistique. D'autre chose. Je continue d'espérer que ses mains le conduiront dans un autre monde.

Je me hasarde à traverser la cuisine pour me rapprocher d'Obsidienne. Je m'arc-boute au plan de travail de l'autre côté de l'évier où elle se juche et me rapproche peu à peu d'elle. Jusqu'ici tout va bien. Je fixe ses genoux. Je lui suçoterais bien.

Vous savez, quand on ne peut pas parler, parler sonne différemment. Tout le monde a l'air d'une bande-son et non de gens. Peut-être que sans voix on est hyper habitué à écouter. Mais c'est comme s'il y avait une distance entre soi et le discours de tout le monde – comme s'ils étaient sur scène et nous dans le public – et toutes leurs voix passent soudainement pour de l'art. C'est réconfortant.

Ave Maria raconte qu'elle en est à son quatorzième, quinzième, seizième jour d'absence à l'école.

Little Teena parle des films d'Hitchcock et de Jimmy Stewart.

Obsidienne raconte que son oncle est en prison parce qu'il a mis une raclée à la femme de son frère.

« Dur... », dit Ave Maria, et on a tous bu notre mint-julep pendant qu'Obsidienne se cognait son propre biceps. Ça fait un bruit mat et rythmé. Comme un cœur lent.

Je sais pas pourquoi elle fait ça, mais c'est hypnotisant.

Ensuite Marlene agite son éventail d'un grand geste qui capte toute notre attention et suggère qu'on regarde *Autant en emporte le vent* en Blu-ray au salon.

Je ne dis pas un mot. Je suis celle qui entend. Qui écoute. Qui enregistre.

Je me rapproche un peu plus d'Obsidienne. Je sens mon cul s'humidifier un peu sur le rebord de l'évier de Marlene à mesure que je progresse, mais ça m'est égal. Je sens sa peau. Elle sent la pluie. J'ai envie de lui monter dessus et de me frotter à son entrejambe, là, direct sur le plan de travail. Ensuite je me rends compte que je suis suffisamment près pour la toucher car elle pose sa main sur la mienne et je suis momentanément aveuglée. Sourde. Peu importe. Ça m'est égal. Je me rends. Je vais me fracasser le crâne sur le sol, comme ça je n'aurai plus à réfléchir. J'adresse un vœu silencieux non pas à Dieu, mais à Francis Bacon. Je me prépare à m'évanouir et à m'écrouler au sol. Je ferme les yeux et je pense aux attaques cardiaques silencieuses – comment aimer quelqu'un peut vous dégonfler au point de vous faire écrouler au sol ? Je ferme les yeux et je retiens mon souffle.

Mais vous savez ce qui se passe ?

Obsidienne flanque ses genoux sous mes aisselles et balance ses jambes de sorte que je suis plus ou moins suspendue à elle comme une poupée de chiffon.

« Dora, ma chérie ? dit la voix de Little Teena.

— Liebchen ? » répond Marlene en froufroutant de la jupe, là tout près.

J'entends aussi un petit contre-*ut* roucoulé en arrière-plan.

Ensuite ce n'est pas Dieu, mais Francis Bacon qui me donne des petites tapes sur l'épaule. Non. C'est Obsidienne. Elle a les mains sur mes épaules. J'ouvre les yeux. Son regard me transperce. Je ne m'évanouis pas. Elle glisse lentement du plan de travail et me prend dans ses bras. Je passe les miens autour de son cou. Je plonge mon visage dans ses cheveux. Je sens la pluie. Je ne m'évanouis pas. Je recule. Elle sourit. Je ne l'ai jamais vue sourire comme ça. Un sourire qu'on peut ressentir avant de naître. Et de près ? Ses yeux ne sont pas marron comme je l'ai toujours cru.

Il y a des petites taches de vert dedans, comme une pierre précieuse qui vire sous une certaine lumière.

« Ça va aller », me dit-elle.

Ses mots sonnent comme de l'art dans ma tête.

Puis avec son bras autour de ma taille, on suit la voix de Marlene jusqu'au salon pour mater *Autant en emporte le vent* en Blu-ray comme si c'était la chose la plus naturelle du monde.

J'articule les mots *Putain, ouais* en silence. Et je souris.

Il n'y a pas de père ici. Pas de mère. C'est comme si on pouvait effacer ses origines et être quelqu'un d'autre.

« Demain est un autre jour », chante Marlene, de façon bien plus chouette que Vivien Leigh.

16

Pile quand on pense que la vie a jamais été si pourrissime, eh ben elle vous envoie tout droit dans le vide intersidéral.

Ouais. Monsieur et madame K ? Ils ont des marmots, figurez-vous. Deux nains infâmes. Je vous jure, ils ont de la fourrure sur les pattes. Vous voulez savoir comment je le sais ? Ils sont *ici.* Là, dans l'appart. Le garçon essaie de sortir de l'aquarium un tétra – ces poissons à la con rouge et bleu que la terre entière a dans son aquarium parce qu'ils vivent et meurent presto, un coup de chasse d'eau et finito – avec une des cuillères adorées de ma mère, pendant que la fille... mais qu'est-ce que c'est que ces cheveux ? Comment on peut coller une queue-de-cheval au sommet d'un crâne de gosse ? On dirait Cindy Lou Who. En plus laide. Elle me dévisage. S'enlève la morve du nez. Me la jette. Charmant.

Parce que mon père est à la maison en train de récupérer. Parce que madame K est là « pour prêter main-forte ». Parce que ma mère... vous allez adorer ! Semblerait qu'en ce moment ce soit idéaloptimalocool pour *aller passer du temps avec sa grand-tante à Vienne.*

Je sais. J'y crois pas non plus. Vienne ? Franchement ? ! Tu te rappelles que t'as UNE FILLE qui traîne sa carcasse à la maison ? Elle m'a juste laissé un pauvre mot sur le demi-queue disant : « Ida, tu es assez grande pour prendre soin de toi pendant un certain temps. Une infirmière de l'hôpital passera une fois par jour. Ton père a toute l'aide qu'il lui faut. Il a besoin de tranquillité et de silence. Sois adulte un peu. C'est un moment difficile. Ne nous complique pas les choses. »

Génial. Vous savez, ça me tue, mais plus je suis dans cette famille, plus je comprends : il faut toujours que les choses empirent, sinon le mélodrame retombe comme un soufflé. Elle est bien pourrie, pour ça, la vie. Faut toujours caresser le mélodrame familial dans le sens du poil. S'agirait pas que les gens soient contents de leur vie, ou d'eux-mêmes tels qu'ils sont. S'agirait pas qu'une zénitude à la con s'abatte sur le foyer. Ce serait dingue. Faut caresser le mélodrame avec tout ce qui tombe sous la main jusqu'à ce qu'on n'ait plus aucune énergie. Ensuite on meurt. Fin. Orgasme atteint.

Morbleu de Dieu. Ou d'anti-Dieu.

Regardez-moi ces nains. Je marche jusqu'à la naine. Je lui donne un petit coup de latte. Elle tombe par terre et son visage rougit comme si elle allait pleurer. Mais bon, elle ne pleure pas. C'est qu'elle est astucieuse, la petite naine. Elle lèche le bout de ma Doc, puis me regarde de dessous comme ce sale vilain lutin de Chucky dans les films d'horreur. Dément. Notre maison est maintenant possédée par de petits démons grassouillets.

Le garçon fait sauter le tétra de l'autre côté de son épaule avec la cuillère. Je le fixe au sol l'espace d'une seconde. Il se tortille. Sans défense. Hors de son élément. Quelle est la meilleure chose à faire ? L'écraser dans la moquette avec mon pied ou le remettre délicatement dans l'aquarium ? Ça a vraiment de l'importance ?

Je choisis la deuxième option. Attention, pas parce que je suis du genre sauveur ou quoi. Pour être sincère je ressens une pointe de culpabilité – Allez mon p'tit gars, retourne dans ta fausse eau à la con avec tes plantes en plastoc et tes cailloux de toutes les couleurs ! Flippant, le mini-scaphandrier ! Je serai à Vienne !

La porte de la chambre du père s'ouvre au bout du couloir. J'entends cette femme, avant de la voir. Rire d'opéra joyeux. Et puis il y a cette crinière mythique de cheveux très roux, ces lèvres assorties et des nénés défiant la pesanteur qui swinguent sous un pull vert chasse. Là-dessus j'ai droit à un petit extra. Et boum ! Elle se tourne et se penche pour ramasser une boucle en perle dans la moquette. Son cul occupe toute l'entrée et rend flou le décor environnant. Merci Francis Bacon pour ce magnifique plan de cul. Je me mords l'intérieur des joues en guise de punition.

Je devrais détester cette femme.

Salope.

Tepu.

Adultérine.

Brise-ménage.

Au lieu de ça, je vais faire une série de tee-shirts avec ces mots dessus et des dessins crus d'elle à poil. Pourquoi ? Qu'est-ce que vous voulez que j'en sache !

J'ai vraiment besoin d'aide, je crois.

Sauf que, pour le coup, j'ai tout dynamité de ce côté-là. Madame K avance vers moi dans l'entrée. Elle passe devant ses propres enfants comme si c'était des meubles. Elle est de plus en plus grande. Comme dans un gros plan au cinéma. Mon crâne me gratte. En fait mes cheveux repoussent. Puis elle vient pile en face de moi. Elle sent Hypnose. De Lancôme. Paris. Fragrance fascinante pour une femme charmante et intrigante. Marlene porte la même chose. Nom de Dieu.

Ce que je veux dire c'est : « Heu, c'est assez désagréable. Je peux aller dormir chez mes amis quelque temps ? » Ce que je crains de dire c'est : « Je peux relever ta jupe et enfoncer mes dents dans ton gros cul blanc ? Juste un peu ? » Mais j'ai pas de voix. Alors je reste plantée là comme une idiote avec les mains pendillant au bout des bras comme de grosses cuillères inutiles. La bouche grande ouverte. Que j'essaie de fermer, l'air de rien.

Madame K balaie une mèche de cheveux de sa joue et dit : « Ida, tu serais un amour si tu surveillais les enfants pendant que je vais chercher des médicaments pour ton père. »

Et merde, tiens.

Je jette un œil aux créatures. Me voilà baby-sitter, maintenant ? Un instant je me demande ce que ça ferait si je m'asseyais dessus jusqu'à ce qu'ils tombent dans les vapes.

Mais ça ne s'arrête pas là. Au moment où elle passe la porte d'entrée : « Monsieur K viendra plus tard pour vous emmener, les enfants et toi, au restaurant. C'est chouette, non ? »

La porte de ma propre maison se referme derrière elle. Je sens une colère sourde me gonfler les côtes. Je regarde l'entrée, là où mon père a *vraiment* besoin de sa tranquillité et de son calme. Tranquillité et calme ? C'est de ça qu'il a besoin ? Sans rire ? C'est de ça qu'il nous a abreuvés, peut-être ? Je regarde les deux lourdauds de gosses qu'on m'a laissé gérer. Je les dirige vers la cuisine, où je leur donne littéralement un bol de sucres en morceaux. Ils se pourlèchent leurs babines de nains diaboliques et rigolent. Leurs yeux deviennent immédiatement brillants. Je secoue la tête de haut en bas et souris. C'est bon, hein ? Prenez-en un autre.

Là-dessus mon cul vibre. Au départ, je laisse faire... après tout, on s'en fout, non ? Je suis bloquée ici jusqu'à ce que madame K se ramène avec son splendide gros cul de pute. Mais je finis par regarder.

Putain de merde.

Putain de merde d'enculé. Je connais ce numéro.

Bien que personne ne le voie, à part un duo de crétins gavés de sucre, je claque des talons. Je salue l'air vide. « Herr Doktor ! » que je dis.

Dans ma tête, s'entend.

Putain. Il peut pas m'entendre.

« Bonjour, je l'entends dire. Ida ? Vous êtes là ? J'ai réellement besoin de vous parler. C'est bien Ida ? »

Je jette un œil dans la pièce en quête de quelque chose qui fasse du bruit. Rien, à part les nains diaboliques. Je fixe le téléphone. Je le remets à mon oreille et je respire aussi fort que possible, aussi bruyamment que possible. Putain. On dirait une blague d'ado, mais j'ai rien d'autre sous le coude.

« Ida ? » dit Sig. Sa voix, tout bas, électronique. Je scanne la pièce. LA CUILLÈRE ! J'arrache la cuillère des mains du gamin. Je tapote sur l'iPhone avec un petit rythme, brille brille brille petite étoile. Quoi ? C'est la première chose qui me soit venue à l'esprit. Je m'arrête, j'attends et je retiens mon souffle.

« Tapez une fois si c'est Ida », dit Sig. Je vous avais dit qu'il était finaud.

Je tape une fois.

« Deux fois si vous pouvez me voir demain à 16 heures. Votre heure habituelle. Il est impératif que nous nous rencontrions. Je crois... je crois que vous savez pourquoi. »

Je réfléchis.

« Dois-je prendre votre silence pour un non ? » réplique le Sig.

Je tape deux fois. Si fort que je fends le plastique sur le devant de l'iPhone.

« À demain », dit Sig.

Je regarde la marmaille de madame K. Leurs visages sont tout marbrés. L'overdose de sucre commence à faire son effet. Y vont pas tarder à rock'n'roller. Dans mon oreille, la voix de l'homme dont je viens de filmer la bite qu'on vidangeait. Dans ma bouche la cuillère utilisée lors d'une tentative de meurtre sur un poisson tétra. Je la lèche. Saveur poisson. Ou fille.

17

La méthodologie élémentaire pour monter de la vidéo et du son est de sélectionner l'extrait, puis de l'insérer dans la timeline. Mon studio est dans un coin de ma chambre où j'ai construit un faux mur fait de tasseaux de bois de 5 par 10 cm et de vieilles pochettes de disques. J'ai surtout utilisé une agrafeuse d'atelier pour construire le faux mur. Pas la peine d'avoir une chambre noire pour monter de la vidéo ou du son, mais c'est plus sympa de bosser dans l'obscurité. Je saurais pas dire pourquoi. En tout cas, quand je suis dedans, c'est « entrée interdite ». Un jour mon pater a essayé d'entrer et j'ai raté sa cuisse de quelques centimètres seulement, avec l'agrafeuse. Dans mon studio, tout est à MOI.

On peut utiliser la méthode ci-dessus pour autant de plans qu'on veut. Si on veut couper ses plans, on en sélectionne un et on double-clique dessus. Dans la fenêtre de visionnage, il y a toutes les commandes. On peut appuyer sur « Play », enlever image par image, cliquer sur le jog et déplacer les trucs. On peut copier-coller les plans, les couper, remplir les intervalles entre les plans, ajouter des effets comme fondus en ouverture, fondus en fermeture et autres.

C'est les méthodes de base pour monter des plans sur une timeline avec Final Cut Pro.

Les points d'entrée et de sortie sur la timeline sont cruciaux.

Entre les moments où je refile des morceaux de sucre et de beurre aux nains diaboliques de madame K, je compile les images du Sig. Si tout se passe bien, ils auront chié dans leur froc quand la prima donna K reviendra et je me ferai la malle par l'escalier de secours. Mon plan est d'avoir un bout-à-bout de prêt d'ici ce soir – je me suis mise d'accord avec un petit groupe d'ados brillants et débraillés pour qu'ils nous retrouvent, la bande et moi. Au troll, la statue de Fremont, sous le pont Aurora à son extrémité nord. Minuit. Il me faut un public test – une avant-première en loucedé – pour voir si je suis dans les clous ou pas. Comme le fait tout réalisateur digne de ce nom.

La diablotine gargouille un long pet que j'entends depuis le salon. Elle gazouille : « Popo dans le pot ? » Conformément aux prévisions. Ça devrait plus tarder maintenant.

Je suis préoccupée par l'aspect narratif du film. J'ai décidé de ne pas jouer la chronologie... ouais, je sais, je vais perdre quelques spectateurs, mais ça m'a paru comme le choix le plus évident, alors je l'ai abandonné d'emblée. En plus, qui s'intéresserait à un film avec un homme mûr qui se retrouve avec une trique d'enfer et doit se faire soigner ? Je suis une professionnelle, moi. Je l'ai joué plutôt Maya Deren, dans l'approche, plus surréaliste que réaliste. Plus symbolique. Plus comme dans les rêves, quoi.

Le véritable nom de Maya Deren était Eleanora Derenkowsky. Une Ukrainienne. Son père était un psychiatre qui travaillait à l'école d'État pour déficients mentaux dans l'État de New York. Sa mère était artiste. Elle, elle était une réalisatrice d'avant-garde. Sauf qu'elle était quasi invisible, puisque c'était une femme. Bien entendu, je tiens ça de Marlene qui m'a fait voir *Meditation on Violence* quand j'avais quatorze ans.

« Expérimenter les effets des procédés techniques actuels sur les nerfs, l'esprit ou l'âme. » Et ouais, c'est Maya Deren qui l'a dit. Je kiffe. Elle a aussi dit : « Je fais mes films avec ce que Hollywood dépense en rouge à lèvres. » Trop frais.

Alors par exemple, dans mon film, il y a des ralentis sur le chibre de Sig qui enfle et enfle encore, entre deux images de lui buvant du thé. Ou caressant la tranche des livres dans sa bibliothèque. De plus en plus vite. Thé siroté, thé siroté, CHIBRE ! Livres caressés, livres caressés, CHIBRE ! Genre ! J'ai dans l'idée de mettre du Vivaldi accelerando là-dessus.

J'ai zoomé le passage où le scalpel coupe pour de vrai dans le braquemart du Sig. Au début c'est difficile de dire ce qu'on voit. Peu à peu, à mesure que je recule l'objectif, on comprend ce qu'on a sous les yeux. Quand son braquemart pisse le sang, j'utilise un accéléré. On connaît la photographie d'accéléré : paysages de nuages et mouvements célestes. Plantes qui poussent et fleurs qui s'ouvrent. Fruits ou cadavres d'animaux qui pourrissent sur la route. L'évolution d'un programme de construction. Gens dans une ville... ou l'énorme braquemart de Sig pissant le sang partout dans la pièce. Je mets un arrière-plan – devinez quoi ? Des pendules et des coucous qui coucoutent à s'en décrocher la tête.

Mais pas question que ce soit le genre de film accessible seulement si on est méga défoncé à l'acide. Ou le genre d'art qu'on comprend seulement si on lit des bouquins dessus. Je veux pas attirer les pseudoartistes de Seattle avec leurs chemises écossaises et leurs coiffures zarb. Je m'appelle pas Gus Van Sant, moi.

Non, c'est pas un film sur un vieux croûton qui bande.

Sig et sa saucisse ? Il ne fait que symboliser les hommes. C'est un film sur tout. Ce monde dans lequel on vit. Les corps qu'on nous fourgue. Les vies qu'on a, bon gré mal gré. À quel point il faut lutter pour arriver au bout de chaque journée sans se mettre une balle.

Et à quel point les filles sont virtuellement invisibles. Ça apparaîtra dans le film de la façon suivante : je mettrai bout à bout des images de Billie Holiday. Heidi. Nico. Maya Deren. Vous voyez le topo.

Sinon, techniquement, j'ai pas encore couché le son. Mais j'ai des tapées de super trucs sur lesquels bosser. Je me dis parfois que le son est plus important que les images. Un peu comme s'il donnait aux images... de la vie.

Le gosse dans le salon hurle : « Attccentiooooon ! » Je sens la merde.

Je grave une copie de la vidéo pour le transport. J'ai l'impression qu'il s'est chié dessus.

J'entends le retour de madame K à l'appart.

Je l'entends dire : « Oh ! » puis à voix haute : « Ida ! » et « Ida ! » et : « Mais quelle folie ! Pourquoi il y a tout ce beurre ? »

Pour moi, c'est le signal. Je prends mon fourbi et je me dirige vers l'escalier de secours pour rejoindre la bande et la statue du troll. J'envoie un baiser en direction de madame K et de ses deux petits tas de merde fumants.

Baby-sitter, mon cul.

18

N'importe quel réalisateur connu teste un premier montage pour mesurer l'effet de son art sur le public. Je dis pas que je laisserais cette réaction dicter ce que je ferais ensuite, mais j'apprécie d'en avoir un aperçu – des fois que je veuille les mettre encore plus mal à l'aise. L'art est un verbe.

J'organise une projo à minuit sous le pont de Fremont près du troll. Je projette directement sur le mur de ciment. À minuit. Devant un troupeau de kepons, de branchaga et de jeunes voyous. On dirait un congrès de jeans noirs moulants et de coupes Emo. Ça sent la beuh, la vodka, les clopes au clou de girofle – comme si quelqu'un avait fait péter un cocktail Molotov à la cannelle.

Little Teena dépose une glacière pleine de Guiness. Ave Maria distribue du Percocet, Obsidienne m'aide à faire les balances.

Le projecteur CTA Digital LT-PP avec le câble iPhone est une solution portable pour montrer des films dans un format pouvant atteindre deux mètres. Il supporte des fichiers numériques sur son lecteur de cartes SD. Il peut s'alimenter pendant de courtes périodes sur une batterie rechargeable lithium-ion. Il est supra génial.

Quand tout le monde a pris place sur son petit coin de terre, sur un rocher, un arbre ou sur une voiture, je mets en route. Étrangement j'ai toujours aimé les chiffres noir et blanc, à l'ancienne, du compte à rebours. Cinq, quatre, trois, deux, un. Bip. Ça fait un truc.

La première image est si lumineuse que tout le monde se couvre les yeux une seconde. Un peu comme une explosion blanche. Normal, le film s'ouvre sur un champ de neige. Tandis qu'on essaie de mieux comprendre le cadre, la caméra se retire puis une bande-son expérimentale et électronique arrive. Et plus la caméra se retire, plus on comprend qu'on a de la poudre sous les yeux, pas de la *neige*. De la coco sur une table en acajou.

J'ai choisi ce plan d'ouverture pour plusieurs raisons. Mais voici la principale : à mes yeux l'usage de cocaïne par l'ami Sig matérialise à la fois une force et une faiblesse. Primo, c'est quoi ce toubib qui tape dans la poudre et prétend « soigner » les gens ensuite ? Et pourquoi l'industrie pharmaceutique et son armée de consommateurs *bourgeois* sortent de prison comme qui rigole pendant qu'on met sous les verrous de pauvres gens sans instruction ?

Deuzio, dites-moi qui sont vos cinq musiciens préférés de tous les temps. Ou artistes. Ou scientifiques. Maintenant, dites-moi leurs vices. Eh, eh... que serait la culture sans la drogue ? Je vais vous dire, moi : un beau tas de merde. Simple paradoxe.

Du coup la métaphore visuelle de la coco est essentielle comme métaphore d'ouverture.

Les quelques séquences qui suivent sont constituées d'un collage très rythmé du Siggy entrant et sortant de son cabinet, plus des scènes de ville bidon en accéléré, des images connues de singes de laboratoire avec des électrodes dans la tête et des aiguilles dans le bide, des gros plans de cigares ou de coucous avec des oiseaux mutilés ou du cuir noir, une main géante tapotant un crayon sur un bureau, des explosions nucléaires, des gens calcinés à Hiroshima... ce genre de came, quoi. Une bande-son qui gueule et de la musique. Puis le collage éclate plus ou moins en fragments abstraits un peu comme un miroir cassé, jusqu'à ce que les fragments deviennent deux bisons en train de niquer. Zoom avant sur le bison mâle limant comme un fou, les yeux révulsés.

On envoie du Wagner.

On coupe sur Siggy, qui pète les plombs dans son cabinet. On coupe sur son gros braquemart qui reprend la narration. Le tout au ralenti, s'il vous plaît.

Au moment où il se jette dans le taxi, il a l'air monstrueux. J'adore l'effet des gros plans au ralenti pour ça. J'ai aussi ralenti sa voix pour que tout le passage où il Tourettise à donf fasse penser à des démons. Ça fait grave flipper.

Ensuite je reviens à une blancheur écrasante – mais cette fois c'est institutionnel – et alors que l'image devient nette, on voit qu'on est dans un hôpital. De là... bon j'imagine que vous savez ce qu'il y a : Sig et son braquemart pissant le sang sur le crescendo de Wagner. Sauf que je glisse à droite à gauche des super gros plans de seins de femme, de chattes et de culs. Tellement dévorants et énormes qu'ils pourraient avaler une tête d'homme. Des nichons et une vulve façon Godzilla. Genre anti-porno. J'ai droit à une ovation.

Je salue, je glousse et je secoue la tête. La petite caméra singe en peluche là-dedans ? De l'or.

Quand c'est terminé, on passe tout en revue, on engloutit toute la bière, on rigole et on tape la discute.

Les gens m'abordent seuls, à deux ou trois à la fois, et me donnent des idées, me livrent leurs réactions. La plupart sont calés question médias, et je sais pas si vous savez, mais on est tous experts en ciné sans avoir jamais reçu de formation particulière. C'est la réalité dominante de nos vies. L'image animée. On est nés avec. C'est le lexique de notre génération. Vous êtes déjà à la traîne.

Vers 2 heures du mat, Ave Maria, Little Teena, Obsidienne et moi on décide de sortir. Je mets la carte SD dans ma poche, avec le film dessus, et je range le mini-projecteur dans le coffre de la Jag de la mère d'Ave Maria. Tout le monde a une fausse pièce d'identité grâce à Little Teena. Si vous voulez savoir, on en a une depuis nos quatorze ans. Il se contente de les modifier à mesure qu'on vieillit. C'est moins marrant de faire semblant parce que, aujourd'hui, faut reconnaître qu'on fait plus vieux. On a l'air d'adultes. Ça fait un peu chier. On se met en route pour Rebar.

La première chose que je remarque une fois sur place, c'est qu'Ave Maria s'est rasé les sourcils. Je sais pas pourquoi je l'ai pas remarqué au troll, mais maintenant ça saute aux yeux. Je penche la tête, l'air interrogatif. Elle sent le bonbon. La musique monte du sol par mes talons, mes tibias et mes genoux.

Elle tournoie, crie inexplicablement à tue-tête : « Regar dez mon arcade sourcilière, putain ! » L'espace d'un instant elle ressemble à un punk de Néandertal. Elle sourit de toutes ses dents comme une fille singe avec un visage pomme d'amour et tourne les talons.

Je sirote une vodka-pamplemousse et je zieute les gens. Mer de corps dansants. Feu d'artifice de couleurs, avec ces lumières partout dans la salle. Cheveux. Transpiration, vêtements synthétiques et chaussures cool. Puis je ferme les yeux. Je laisse les basses balayer toute pensée de mon crâne. Je laisse la musique me rappeler que j'ai un corps. Je laisse la musique me libérer de mon moi. Très vite je danse, je me frotte, je m'affûte contre les autres corps autour de moi. Sauf qu'il n'y a pas de moi. Je ris, je saute en l'air et je danse. Hystérie. Bonne hystérie. Ce serait super, non ? D'arriver à être un non-moi tout le temps ? Je saisis des regards de la bande, ou on danse ensemble et puis on se sépare.

Il n'y a pas d'autre Je qu'eux.

Une fois trempée jusqu'aux os, je décide de me réhydrater. J'enlève mon tee-shirt Velvet Underground et j'en fourre la moitié dans la poche arrière de mon jean. Ça tombe bien que j'aie mis mon soutif en Lycra noir et pas mon petit push-up rouge parce que le petit push-up rouge laisse parfois voir un bout de sein. Or j'en ai pas forcément envie. Je retourne au bar d'un pas lourd. Pendant que j'attends ma boisson, je vois quelque chose du coin de l'œil. Comme un reflet d'argent. Je regarde à ma gauche, il y a un homme mûr sexy assis à une table avec deux personnes de mon âge – un garçon, une fille. Le garçon est efféminé et la fille hommasse. Le type séduisant me sourit. Je lui souris. Il est vraiment beau. Un peu à la David Bowie. Le genre qui ne vieillit jamais, vous voyez ? J'en ai l'eau à la bouche. Il est comme ça, c'est difficile de ne pas le regarder.

En fait c'est comme s'il avait une force d'attraction. Je l'ai dans mon viseur. Je suis magnétiquement attirée jusqu'à la table. Le garçon qui ressemble à une fille écarte sa frange allant jusqu'au menton et sourit. La fille qui ressemble à un garçon croise ses bras nus, ses biceps gonflés et sourit. L'homme mûr sexy fait oui de la tête. Avant même de m'en rendre compte, je me retrouve en train de foncer vers eux.

Je sens le patchouli, mais je n'ai aucune idée de qui en porte. Le patchouli, ça me fait m'endormir, dire amen à tout. Comme la menthe à chat.

L'homme mûr sexy dit : « Tu t'assieds avec nous ? »

Le garçonfille et la fillegarçon opinent du chef. Ils coulissent sur la banquette en skaï rouge de leur box et me font une place. Je sais pas pourquoi, mais c'est comme si elle était faite pour moi.

Je leur fais « peace » en passant, je m'assois et je sirote mon verre.

« Je m'appelle Otto, dit le garçonfille.

— Je m'appelle Sabina », dit la fillegarçon.

Je souris. Je sirote mon verre. Je fouille dans mon sac Dora, je sors mon marqueur violet et j'écris sur mon sous-bock « Minute, qui je suis, déjà ? » Ah oui. J'écris DORA. Ils sourient tous et hochent la tête. Je regarde l'homme mûr sexy. C'est à ce moment-là que ça me revient. Je l'ai déjà VU. Au restaurant. C'est lui qu'a fait tomber Siggy raide mort au sol. C VOU JUNG ? j'écris sur le sous-bock sous DORA. Je le brandis sous ses yeux.

« On s'est déjà rencontrés ? » dit-il d'un sourire fendu jusqu'aux oreilles.

Je fais non de la tête et souris.

« Allez, on y va ! » crie la fillegarçon, pour qu'on aille danser, alors on y va. À quatre on se dirige comme un mono-organisme vers le macro-organisme palpitant, autrement dit les gens qui dansent.

Le type sait danser.

Pas comme un type de son âge, je veux dire. Comme un danseur, je veux dire. Un vrai danseur. Un danseur sur scène. Il se déplace comme l'eau. Il incarne les basses de la musique. Il fait penser au désir. Putain ce qu'il est hypnotique. Ses hanches font des trucs qu'ils ne font même pas en hip-hop. Il est rapide – il est lent – il bouge à peine. Ses épaules perdent leur ossature. Et il fait un truc tête-épaules-poitrine-hanches qui donne illico envie de se désaper. L'odeur de patchouli, de transpiration et de super shampoing me donne le vertige. Parfaits, ses cheveux. Il glisse le bras autour du garçonfille, le libère, glisse ses mains sur les hanches de la fille-garçon, la libère, me bouscule, m'affûte de derrière, les mains verrouillées sur mon abdomen. Je jette la tête en arrière, il glisse une pilule dans ma bouche, je ferme les yeux, je veux pas savoir ce que c'est, ce qui compte c'est que c'est bon. Puis la fillegarçon vient derrière moi, tout contre moi, et le garçonfille se met devant moi, me serre jusqu'à ce que je devienne un sandwich Dora et j'espère que ça va durer longtemps, très longtemps. Je crème mon jean. Et mes tétons ? Durs comme des roulements à billes. Je ferme les yeux. Je sens quelqu'un tirer la boucle de ceinturon de mon jean moulant et je me laisse conduire par la hanche, tourner, coller, ça sent la pluie.

Obsidienne.

On est plus ou moins entrelacées, mouillées, muscles tendus, se rapprochant puis s'éloignant l'une de l'autre dans le son et la lumière. Elle rit. Elle jette la tête en arrière. Son voile de cheveux noirs coupe l'air, l'obsidienne autour de son cou aussi. Je la lèche, la suçote, je goûte le sel sur elle. Si je pouvais choisir quand mourir, je choisirais ce moment. Petite mort dans la béatitude sans mots de son corps.

Des heures plus tard, épuisée, baptisée par la transpiration, je sors fumer une clope.

L'homme mûr sexy est debout, le pied appuyé contre le mur du bâtiment, en train de finir un joint. Il regarde dans ma direction, sourit, me propose une taffe. Je lève ma clope pour dire non merci. Il hoche la tête et recrache la fumée comme on le fait avec l'herbe. Je l'allume. J'aspire. On regarde tous les deux la voûte céleste. Les feux de Seattle masquent les étoiles déployées, mais on sait tous les deux qu'elles sont là-haut. C'est bon, la vie.

Puis une saloperie de rat passe juste devant nous, s'arrête, regarde en l'air avec ses vilains yeux ronds en forme de billes et sa queue de rongeur pourrie, puis détale.

Je fais un léger bond en arrière, le visage tout tordu. C'est répugnant.

« Au contraire[1] », dit Jung, qui lit dans mes pensées. « Les totems animaux sont les symboles primordiaux de l'inconscient collectif. » Il tète son énorme joint et retient son souffle, puis continue. « Pensez aux Aborigènes, aux Celtes, aux Égyptiens, aux cultures chinoises et amérindiennes... » Il pointe du joint le sol. « Notre ami le rat ? Le totem du rat désigne un penchant prononcé pour la réussite. Une aptitude presque suspecte à l'adaptation. Beaucoup d'habileté et la faculté de se défendre de façon agressive si nécessaire. Tu as peut-être uniquement besoin d'adapter ton état d'esprit pour comprendre ton rapport au rat. »

Je fais un geste de la main et lui balance un regard du genre : « On s'en branle, non ? »

Jung se marre. De la langue, il mouille le bout de son joint et le range dans sa poche. Pose sa main sur mon épaule. « Tu sais, il n'est pas là pour moi, Dora. »

Puis il retourne dans le club. Je regarde sa chevelure alors qu'il s'éloigne.

1. En français dans le texte. (*N.d.T.*)

Je fixe la clope dans ma main. La fumée monte en volutes vers mon visage. Le type est donc ouvert sur le plan sexuel, apparemment, n'a rien contre les drogues euphorisantes, adore danser et kiffe le vaudou animal. Je tire une méchante latte sur ma clope et la jette d'une chiquenaude. Elle rebondit sur le trottoir et le bout rougeoie un instant.

Je me pose juste une question.

Pourquoi je l'ai pas eu *lui*, comme thérapeute, bordel ?

19

« Alors comme ça tu sais pas ce qui est arrivé ? » j'écris. J'appuie super fort mon crayon rouge Crayola sur une serviette du Shari et je fourre la serviette carrément sous le nez d'Ave Maria.

« Je veux juste dire que je pensais pas que ça ferait des dégâts », répond-elle.

Je reprends la petite serviette et je casse ce putain de crayon en essayant d'écrire une réponse... Faudra que je me trouve une nouvelle serviette et un nouveau crayon. Les serviettes, crayons, pailles, l'argenterie et le reste sont tous à l'espèce de station libre-service, au cœur du restaurant Shari. Exactement comme la pharmacie aux urgences. Peut-être que la Terre entière fonctionne comme ça – des petites sous-stations dans la vie. Je prends une pile de serviettes, un Crayola noir et du Tabasco pour faire bonne mesure, puis je retourne à la table.

La lueur orange chez Shari fait un peu comme si on était assis dans une cuvette de vomi. Il est deux heures du mat, alors il n'y a pas des masses de clients – une table de gothiques de l'autre côté du restau – bon Dieu, dire que j'ai eu l'air aussi abrutie un jour ! Deux chauffeurs routiers sur des tabourets, un troupeau d'infirmières rondelettes que j'espère sincèrement ne jamais avoir rencontrées auparavant. Les flics, eux, ne se trouvent pas ici avant quatre heures du mat.

Obsidienne tète un milk-shake à la banane et s'est amourachée d'une assiette de bacon. Little Teena s'enfile un steak avec des œufs. Ave Maria termine une plâtrée de pancakes avec de la crème fouettée et plein de fraises au-dessus. Elle s'est barbouillé le menton de crème. Très drôle. Mais je ne suis pas d'humeur.

« On s'en tape, non ? demande Little Teena. Les seuls à regarder sont une poignée d'accros à Facebook et d'adorateurs de YouTube, et en plus personne sait ce qu'ils regardent ! » En prime, l'image est assez sombre. C'est pas comme s'il y avait une lumière normale. Il y a même le troll dans le plan, à plusieurs moments. » Il dégaine une cigarette et un briquet. L'allume.

Une serveuse arrive en se dandinant, se renfrogne en le voyant et secoue les bajoues. « Monsieur, vous ne pouvez pas faire ça ici. Notre établissement est non-fumeur. » Elle désigne du doigt une pancarte derrière la tête de Little Teena.

« Ma bonne dame, dit Little Teena, c'est ma foi vrai. » Il attrape mon crayon noir, se le colle dans la bouche et l'allume. La serveuse se recule, un peu effrayée.

Je reprends brusquement le Crayola noir, j'éteins la flamme et je frotte mes lèvres avec un peu du noir fondu. Puis je le trempe dans mon verre d'eau. Ça sent l'espoir fondu, celui d'un enfant.

Mon crâne me gratte. Mes cheveux repoussent mais j'ai l'air... clairsemée. Je m'essuie la bouche avec la manche de mon sweat à capuche – super. J'ai tellement les nerfs que j'écume un peu.

Je ravale du crachat dans ma bouche et termine ce que j'écris avant de refiler la serviette à Little Teena. Ce n'est pas TERMINÉ. Tu piges ? C'est à MOI.

« OK, OK », répond Little Teena, utilisant la serviette pour se tamponner le front.

« Excuse-moi, excuse-moi, excuse-moi, gémit Ave Maria. C'est la chanson *excuse-moi.* » Elle improvise un petit air joyeux. Je la regarde. Elle fait de super gros yeux. Repose sa tête sur ses poings, au bout de ses poignets fins comme des crayons. « Vraiment déééééééésoooooooolée », chante-t-elle. Elle tire la capuche du sweat-shirt autour de sa tête et tire les cordons d'un coup sec. Dans un sweat-shirt rose néon avec la capuche bien serrée autour de son visage... eh bien il est impossible d'en vouloir à quelqu'un ressemblant à un pénis rose clair chantant avec un visage de petite fille. Elle cligne des yeux.

J'écris : ta chanson d'excuses fait chier, et je lui jette au visage.

Voilà le hic : Ave Maria a dit à l'un des ados inadaptés à qui on a fait voir les images sur le mur à côté du troll qu'il pouvait filmer avec son putain d'iPhone. « Vas-y ! » a-t-elle dit hors de portée de voix, du coup j'ai même pas été au courant. Parfois elle ne réfléchit pas.

Donc il a bel et bien filmé. Et alors, les nouveaux iPhone 4G ? Eh ben ils peuvent enregistrer en HD et passer des appels en mode FaceTime. Du coup le mec a plus ou moins tout filmé et l'a balancé à ses petits branleurs de copains. Impossible d'arrêter la transmission des images une fois qu'elles ont fait le buzz. J'ai tellement la haine que je ferais bien un trou dans le vinyle citrouillâtre des fauteuils. Ave Maria monte et baisse la tête légèrement. Pas question que je me marre. Je tente un Arrête. De. Bouger. Le.

Visage. J'écris : t'as du sperme sur le menton, et je glisse une autre serviette à Ave Maria.

« Naaaan ! » dit-elle, puis s'essuie, le goûte, puis sourit.

« Qui veut la fin de mon bacon ? » demande Obsidienne en brandissant une grosse tranche de porc.

Je lui balance le regard « Tu sais que je veux le bacon, connasse », elle sourit et me le tend. Tous les autres me donnent aussi ce qui reste de leur bacon. Tout le monde sait que c'est mon péché mignon. Je mâche et le laisse infuser. Seul résonne le bruit de ma mastication. En arrière-plan, en chœur, les consignes des cuistots et le grésillement du gril. J'ai presque envie d'enregistrer.

« Je voulais juste être utile, dit Ave Maria. Je me disais que si plus de gens le voyaient », elle plante une fourchette dans une fraise et l'envoie au-dessus de ma tête, « on pourrait te sortir de ton donjon et te ramener dans le monde – j'essayais de faire du... comment ça s'appelle déjà ? » Elle regarde Little Teena d'un air suppliant.

« Du buzz », dit Little Teena, allumant et fumant sa paille. Odeur de plastique brûlé.

« Ouais ! C'est ça. Du buzz », dit Ave Maria. Elle se tait et repose sa tête rose fluo sur ses poignets. « Me déteste pas, Ida, dit Ave Maria. Sinon je pleure. Ici même. En plein Shari. Et supra fort ! »

Je scrute son visage. J'ai une idée de ce que ça donnerait, vu ses contre-*ut*. Les larmes lui montent aux yeux.

Nom d'un petit bonhomme ! Je griffonne rapidos « Pleure pas, merde » sur le set de table en papier. Mon portable vibre dans la poche de mon sweat juste sous les côtes. Je m'en fous de qui c'est. Je suis avec les seules personnes qui comptent, à part Marlene, alors merde. Il n'arrête pas de bourdonner contre moi. Peut-être qu'il fera saigner la croûte de ma cicatrice. Qui que tu sois, laisse un message, bouffon. J'imagine que c'est madame K. Qu'elle aille se faire mettre.

« Écoute, dit Little Teena toute paternaliste, ces images feront pas long feu sur Faceplouc, ils s'apercevront rapidement qu'il y a de la BITE géante dans l'air. »

Ave Maria monte et descend la tête comme une hystéro. « Ouais, dit-elle, on peut pas montrer des fentes, des lolos ou des bites sur Faceplouc. »

Little Teena trempe sa paille dans son café. « Je peux me démerder pour faire monter le buzz sur YouTube, mais ça me prendra minimum une journée. D'ici là vous prenez pas le chou, calmos ! Quand t'auras fini ton film sur le genre masculin, ce sera un putain de chef-d'œuvre. Suffit de voir votre beau gros ego, madame l'artiste. » Il me fait une fausse clé de tête et m'appuie dessus.

Je lutte pour me libérer. Va. Te. Faire. Et j'écris : je porte pas de culotte. Puis je lui fais une béquille.

« Aïe, ça fait super mal, tu sais ! dit Little Teena. Une chance que j'aie de la graisse. Je suis un mammifère supérieur.

— Et moi », continue Ave Maria, montant et descendant la tête, « j'y ai pas droit ? » Elle sourit comme un petit pénis joyeux dans un dessin animé.

« Toi, ma perche boulimique ? Mais t'as pas un poil de graisse ! » ajoute Little Teena.

Je lui flanque un bon coup de pied dans le tibia de la part d'Ave Maria, sous la table.

« Merci ! » chante-t-elle cinq octaves au-dessus du registre humain.

Puis on redevient qui on est. Mon portable me fait à nouveau bourdonner le bide. Je le sors brusquement de ma poche de sweat. Euh... je sais pas à qui appartient ce numéro, aucune idée. Sans doute des Indiens qui veulent me vendre un truc. Ça peut faire une bande sonore sympa, cela dit, alors je garde le téléphone à mon oreille pour écouter la messagerie vocale.

« C'est dégueu. Mes cuisses sont collées au fauteuil », dit Ave Maria. Elle porte un short de gym bleu marine à l'ancienne et des chaussettes montantes. Avant d'avoir l'addition, on prend la tangente direction le parking, une grosse serveuse avec des auréoles de sueur depuis les aisselles jusqu'aux lolos nous court après en gueulant : « Sales petits cons, revenez ici ! » Mais c'est pas comme si elle allait vraiment nous courir après, vous savez, et comme je l'ai déjà dit, les flics ne se retrouvent pas ici avant quatre heures du mat. Obsidienne lui fait un doigt, enlève son tee-shirt, le fait voler en l'air et le jette dans notre sillage. Un instant je suis scotchée par la beauté de son débardeur. Du genre maillot côtelé à l'italienne. Qu'est-ce que je m'imaginais, moi, qu'elle porterait un soutien-gorge ?

Ma messagerie se met en marche alors qu'on court. « J'ai tenté de vous joindre. Vous avez quelque chose de valeur que je suis en mesure d'acquérir. J'ai une proposition lucrative à vous faire. » Je n'écoute même pas la fin. Ça doit être une erreur. Ou des Indiens qui veulent me fourguer un truc. Ça ne tient pas debout. Je remets mon portable dans ma poche de sweat. Je sais pas qui c'est mais il attendra.

On court. Ensemble. Chaos et cacophonie. Je ne suis peut-être pas capable de hurler, mais courir, ça je sais, et puis rien ne vaut le bruit des Docs sur le trottoir. Je donne une chiquenaude à mon H4n dans mon sac Dora. Clompclompclompclompclomp.

Superbe. Mon cœur bat à tout rompre. Ma coupure aux côtes me lance. J'ai toujours le crayon. Je mets le Crayola entre mes dents. Je pardonne à Ave Maria.

« Aux cigarettes ! » hurle Little Teena, le bras tendu vers l'avant et le briquet allumé comme si on menait une gigantesque charge d'ados : un homo plantureux et grossier, une fille anorexique en chaussettes montantes qui ressemble à un pénis rose de dessin animé, une Amérindienne mortelle et une muette en furie – je mords donc je suis – dans le Crayola noir de la nuit.

20

« Ton père aimerait te parler. »

C'est là-dessus que je me réveille après deux heures trente de sommeil. La voix de madame K par la fissure de la porte de ma chambre. Une seconde, je crois rêver, mais non, il faut que je pisse et ma coupure aux côtes fait mal.

« Je sais que tu n'étais pas là hier soir », dit madame K sur un ton démoniaque, de l'autre côté de ma porte.

Trop flippant.

« Ne crois pas que je ne lui dirai pas », ajoute madame K.

Pour qui elle se prend, franchement ? C'est chez moi ici. Même si j'aimerais tellement que ça explose. Mais je vois la manœuvre. Elle délimite son territoire. Pisse sur les choses et laisse son odeur. Réorganise les cuillères, je parie. Futée, la gourde.

Je mets les couvertures sur ma tête. Beurk. Pourquoi je rentre encore à la maison, sérieux ? Je déteste cet endroit misérable. Je vis dans un film de Fellini. Sous les couvertures, tout a l'air noir et bleu. Super. C'est assez paisible. Je devrais filmer, tiens.

« Maintenant, Ida... », dit la Vixen[1].

Je roule hors de mon lit et saute dans mon jean moulant. Je me demande combien de jours je tiendrai avec les mêmes dessous. Ça commence à sentir un peu trop la pomme. Je me frotte le crâne. On dirait du... gazon synthétique. Je regarde ma bobine sur l'écran d'ordinateur. Aïe. Ça doit ressembler à ça, les insomniaques. Des super cernes. Putain. Je peux bien vous le dire, je m'en réjouis pas vraiment, mais plus tard dans la journée je dois voir mon Sig. Pour des raisons que je peux même pas commencer à expliquer, ça me donne de la force. C'est tout sauf mon pépé et c'est clair que je m'appelle pas Heidi, mais les opportunités, faut savoir les saisir.

J'ouvre la porte de ma chambre. Je descends le glorieux couloir familial. Au bout il y a la chambre de mes parents – bien que ce ne soit pas forcément une bonne idée de l'appeler comme ça en ce moment. C'est la putain de pièce du père. Où naît tout ce qui arrivera ensuite. Tandis que je descends le couloir vers la putain de pièce du père, le sol semble palpiter. Pouah... ça sent comme au Moyen Âge.

Calé au lit contre un quadrillion d'oreillers que j'avais jamais vus avant, sous un édredon vaguement asiatique – ma mère aurait mangé du verre pilé avant de songer à l'acheter – l'homme répondant jadis au nom de père. Rasé de frais. Madame K debout près de lui, une serviette à la main, ainsi que le rasoir avec lequel je me suis donné cette vilaine tête. Elle

1. Vixen désigne en anglais une femme au caractère bien trempé. *Vixen* est aussi le nom d'un film de Russ Meyer, assez connu dans les années 70, où figure une héroïne aussi plantureuse que libérée. (*N.d.T.*)

a l'air si fière d'elle. Son rouge à lèvres brille. Mais ses yeux la trahissent. Elle va se prendre une fessée, l'Ida, qu'elle doit se dire. Ses lolos saluent quelque chose ou bien ?

Je ne sais pas comment le dire autrement que de le dire tout simplement. Ce type rasé de frais au lit ? Celui avec les joues creusées, la gorge noueuse et les cheveux argentés ? C'est pas mon père. Enfin, il l'est. Obligé, pas vrai ? Mais je le reconnais même pas. C'est comme si des extraterrestres avaient remplacé mon père par une espèce de créature de Frankenstein pareil à un être humain qu'ils auraient fabriqué dans un vaisseau spatial. Sérieux, les amis, va falloir me tailler ces poils dans les oreilles. Il a un truc d'oxygène dans le nez. Une bonbonne à côté du lit. Sa chemise de pyjama est déboutonnée et je vois une interminable voix ferrée rouge allant de son sternum jusqu'à son nombril. Cicatrice d'une opération à cœur ouvert. Quand je la regarde, j'ai les jambes en coton, le souffle qui se fait la malle et je panique. Je détourne immédiatement le regard de la voie ferrée qui me sépare de son organe interne et je fixe le plafond.

Vers le plafond ? Bien sûr, bordel. Une fissure en forme de chibre. Immense. Une sorte de chibre géant qui m'espionne. Je vous l'ai dit, un film de Fellini.

« Ida », dit mon père. Je ne le regarde pas lui, mais à gauche de son oreille. Où est passée la voix de mon père ? Ce type, on dirait... Alan Arkin. Franchement. Doux, nasal, comme s'il venait d'être pubère.

Je suis sans voix alors j'essaie juste de regarder son... putain, depuis quand la couleur bleue a disparu des yeux de mon père ? Trous de bite couleur acier. Y aurait-il du vrai dans la théorie de l'extraterrestre ?

« Il faut que je te parle. »

Je regarde à nouveau le plafond. Puis mon ventre. Je me demande depuis combien de temps cette phrase est vraie. Des années, je parie.

Madame K essuie le rasoir et le pose sur la table de chevet. Elle fait semblant de remonter les couvertures sur ce mec au lit qui joue le rôle de mon père. Il sourit. Est-il vrai que tous les hommes ne recherchent qu'une succession de mères ?

« Écoute », dit-il, en se calant dans toute cette efféminerie, « c'est un moment difficile. »

Non. Putain. Merde. Ce serait pas lui, Sherlock, par hasard ? Je regarde madame K, je jette un œil à l'extraterrestre.

« Il va falloir te montrer un peu plus adulte », dit l'extraterrestre.

Adulte. Je me marre. Comme vous deux ?

« Jusqu'à ce que je sois sur pied... »

Je mitraille madame K des yeux. Elle sourit d'un sourire édenté. J'attends plus ou moins qu'une espèce de langue mécanique jaillisse brusquement et me coupe la gorge. Elle sent bon, la salope. Maudit soit ce parfum Lancôme.

« S'il te plaît, est-ce que je peux compter sur toi... pour aider Peppina... ? »

ARRÊT DES FONCTIONS CÉRÉBRALES. Putain de Dieu. Je prends une grande bouffée d'air et je retiens mon souffle. Peppina ? Elle s'appelle Peppina ? C'est quoi ce nom de Peppina à la con ? Je rigole. Par chance rien ne sort, en termes de son. Ils voient juste mes épaules prises dans des sortes de spasmes. Peppina arrête de sourire. Suis quasi sûre qu'elle grince des dents. J'ai grave envie de balancer Ça va ou bien, Peppina Pepileptiquepepperonina ?, à l'instant même. Mais je peux pas.

« ... autant que tu le pourras, continue-t-il. Elle donne beaucoup de sa personne pour être à mes côtés en ce moment. Ida. Tu me comprends ? »

Tu sais, je te comprends très bien, mon petit papa. Je hoche la tête lentement, de haut en bas. Je fourre les mains dans mes poches de jean. Je hausse les épaules et penche ma tête d'ado, dans ce geste universel Y a autre chose ?

« Tu peux y aller », dit mon père.

Peppina a l'air déçue qu'on m'ait pas ratatinée. Ou roulée dans le beurre et brûlée vive.

Je décanille de la chambre du père. C'est pile à ce moment et à cet endroit que je me décide. Je mettrai pas Vivaldi comme bande-son dans le film de Sig, quand son chibre pisse le sang. Je mettrai l'enregistrement de la respiration de mon père quand il était à l'hôpital. Tantôt rapide tantôt lente. En boucle.

Mon vrai père a été enlevé par des extraterrestres, capturé par une Vixen démoniaque et étrange aux gros lolos. Ma vraie mère est à Vienne et devient de plus en plus beige. Bientôt elle sera transparente.

Ce qui fait plus ou moins de moi une orpheline, j'imagine. Mon portable vibre. Enfer de Dieu. Encore ce numéro bizarre de la dernière fois. Je réponds pas. Je vais dans ma chambre. Je jette mon sac à dos sur le lit. J'y mets les cartes SD avec tous les éléments audio et vidéo du film de Sig. Plus quelques dessous neufs. Plus mon bouquin de Mantegazza, mon marqueur violet, du Xanax, du Vicodin et du Percocet. Deux joints. Une minuscule dose de coco qui me restait après avoir drogué le Sig. Des cigarettes, un tee-shirt Pixies, mes écouteurs. Mon couteau suisse Élite. J'écoute la messagerie vocale de mon iPhone. Cette fois je m'assois sur le bord de mon lit et j'écoute.

« Bonjour Ida. J'ai essayé de vous joindre. Via certaines... filières communes, dirons-nous. Il a été porté à ma connaissance que vous aviez quelque chose... en fait, je suis particulièrement intéressé par une chose en votre possession. Des images vidéo, semblerait-il. Auriez-vous la gentillesse de me rappeler – je puis vous le garantir, vous ne le regretterez pas. »

C'est quoi, putain ? Un tordu ? Le père de quelqu'un que je connais ? Un flic ? Des « filières communes », c'est quoi cette embrouille ? Je fais un arrêt au stand – de mon ordi – et lance une recherche de numéro inversé. Zarb. Ça donne quoi ? « Hill and Knowlton Inc. » Big agence de relations publiques à Seattle. Y bossent avec Microsoft. Qu'est-ce qu'ils foutraient avec moi ?

Ça doit être une erreur. Un canular. Mais j'ai dans l'idée de l'utiliser en boucle sonore, alors j'espère que le gars rappellera, et pas qu'une fois.

Comment il sait mon nom ? Passons. Peu importe. La vie est un film de Fellini. Pas le temps.

Je mets une paire de lunettes miroir à la Steve McQueen. J'enfile un cuir noir de biker. Une fouille rapide des poches révèle un supplément de Vicodin ! Yes ! Une boîte de Hot Tamales à peine entamée. Ave Maria va mouiller. En sortant de cet abîme, je vois le sac à main de madame K. Je chope son portefeuille, je prends tout son cash et quelques-unes de ses cartes bleues. Putain d'Adèle : elle a des photos des nains démoniaques dans son portefeuille. Y a-t-il dans ce bas monde des enfants plus laids ? Voilà une progéniture qui a mal tourné, ça c'est sûr. Est-ce que leurs oreilles sont pointues ? Ensuite je repère autre chose sur le plan de travail de la cuisine – des boucles en perle – propriété sans nul doute de madame K, et sans nul doute *bis*, un cadeau de l'extraterrestre qui était autrefois mon père. Je les saisis, je les mets dans ma bouche comme des morceaux de sucre et je me carapate. *Je suçote les boucles en perle, Siggy.* Sourire.

Une chance que j'aie un psy.

21

Dans le bus qui va de Capitol Hill à Pike, j'observe tout autour les prisonniers mobiles comme moi. Pourquoi les gens dans les bus ont toujours l'air de sacs de merde fatigués ? Comme si, littéralement, on nous avait écrasés contre ces fauteuils en plastique en forme de cul qui sentent les couilles fétides de vieux singe. Personne n'a l'air cool dans un bus. Et il y a de fortes chances qu'il y ait toujours un givré de première attendant son heure de gloire pour déjanter grave. Qu'on ne vienne pas me parler de la connerie des chauffeurs. Vous savez qu'ils ont un pack de Pabst planqué quelque part dans les pédales ? Putain de Dieu. L'an dernier un de ces baratineurs de chauffeurs a carrément écrasé deux personnes et les a traînées sur deux cents mètres sans rien remarquer. Tout le monde dans le bus hurlait pour qu'il s'arrête.

Je sais pas à quoi m'attendre, et j'en ai des sueurs. Je vais voir Sig. Je suis en vrac. Je peux pas parler, j'ai pas de maison, je suis orpheline, faut que je change de sous-vêtements. Qu'est-ce que je vais faire une fois là-bas, lui écrire des petits mots pendant une heure ? Lui faire un numéro de claquettes ? Me désaper et me masturber ?

Il a peut-être fait venir des flics qui m'attendent là-bas, bordel. Simple éventualité.

Je regarde le merdier de cette ville par la fenêtre dégueulasse. Puis une idée me traverse l'esprit : je me demande si Marlene me laisserait crécher chez elle un temps.

Marlene travaille à l'aéroport Sea-Tac comme agent de sécurité trois jours par semaine. Elle – bon d'accord, « il », vu qu'on parle de son boulot d'homme – travaille à l'un des scanners corporels à rayons X. Vous savez, ceux pour les gens qui voyagent non-stop, où il faut se fourrer un bout de plomb dans le falzar si on veut pas qu'ils trouvent notre came.

Quand il est elle, elle chante du Eleanora Fagan dans un club de jazz pour travelos sur le versant sud de Capitol Hill. Faut voir l'organe qu'elle a, la Marlene. Grâce à sa voix, elle vous ressuscite Eleanora Fagan. On n'a rien vécu tant qu'on n'a pas entendu Marlene chanter *What Is This Thing Called Love* ou *Summertime*. En fait, je l'ai dans le Zoom H4n maintenant. Dans mon sac Dora. Que Dieu la bénisse. Je baisse le volume. Je me sens légèrement moins dérangée.

Pauvre Eleanora Fagan, quand même. Marlene m'a tout raconté sur elle. Vous savez que Billie Holiday est morte dans une salle de l'hôpital où la police l'attendait pour la conduire en prison ? Le coup classique, bordel. Cirrhose du foie et dépendance à la drogue, voilà ce que dit le certificat de décès. Il aurait fallu écrire qu'elle a eu une vie pourrie. La seule belle chose qui ait existé, c'est sa voix.

Le bus est en pleine descente. J'ai toujours l'impression que je vais saigner du nez. Le type en face de moi a l'entrejambe souillé et un blouson de ski couleur vomi. Il porte un filet pour les cheveux. La femme assise deux sièges devant a un gros chignon bizarre au beau milieu de l'arrière de la tête qui dépasse de ce qu'on peut appeler ses cheveux. Ensuite survient un DRING, on s'arrête et monte un cadre quinquagénaire portant un sac noir D&G à l'épaule. Il s'est perdu ou quoi ? Où c'est qu'il va s'asseoir, le cadre au pantalon brillant ? Super. Il porte des lunettes de soleil. S'assoit pile en face de moi. Obture ma vue de taupe. Il y a un étrange reflet argenté dans ses cheveux et ils sentent comme... des fleurs de cérémonie. Je fouille dans mon sac Dora et j'écoute Marlene chantant *Strange Fruit* – assez fort pour que les gens lèvent le nez, mais pas assez pour qu'ils comprennent que ça vient de la lourdaude que je suis. La voix de Marlene me calme un peu. Senteur de magnolia doux et frais. Puis l'odeur soudaine de chair qui brûle. C'est le genre de voix qu'on aimerait entendre pour s'endormir le soir. Je me balance dans mon fauteuil. Un peu comme une autiste, c'est sûr. Mais on s'en fout.

L'homme chic comprend d'où vient la voix et se tourne pour que ses lunettes de soleil me regardent. Vous vous rendez compte ? Quel toupet ! Je me décrotte le nez comme jamais. Efficace, le forage. J'essuie le tout sur la vitre. Eh ouais, vade retro, toi qui es fait de surfaces réfléchissantes. Nous les mutants des bus, on te surpasse largement en nombre.

Et d'un coup je pige : j'ai déjà vu ce gars. Au restaurant. Avec Sig. Le jour où j'ai enregistré la discussion au cours de laquelle Sig s'est évanoui. Juste après que ce gars lui a dit qu'il allait devenir – via l'émission – une mégastar de la télévision. Le gars qui a dit, je cite : « Il nous faut votre ado monstrueuse. » Pourquoi j'ai pas remarqué sa bobine de fouine avant ?

Tête d'Argent se retourne et se penche presque au point de se retrouver dans mon giron. « Bonjour Ida », susurre la chattemite en ôtant ses lunettes d'homme, « j'ai essayé de vous joindre. »

Les pensées tournent dans ma caboche comme un dé dans un gobelet. Les messages téléphoniques ? Ce mec ? Mais pourquoi ? Je jette un regard désespéré par la fenêtre du bus – au pied de la butte se trouvent mon arrêt, mon Sig, mon évasion. Trente secondes. Je me décrotte encore le nez, je ris comme si j'étais super DÉFONCÉE et je lui fais des grimaces de chimpanzé. La plupart des gens ont super les foies des ados qu'ont pété les plombs.

Il ne bronche pas. Il se lève comme s'il allait venir s'asseoir avec moi. Beurk. Il porte des gants en cuir noir. C'est jamais bon signe, un homme qui porte des gants en cuir noir.

Je me lève et improvise une danse de chimpanzé dans le couloir. Notez bien, ça peut être mortel, un chimpanzé.

« Merci de vous asseoir », profère le chauffeur de bus Pabst sur fond de musique merdique, mais en fait on entend juste des parasites : « piiiizzzzzzshh-taaaaakesrrrrummmfrah. »

Ma lèvre supérieure sue. Ma coupure aux côtes pique. Mon crâne me gratte. Des dessins animés tout droit sortis de mon adolescence de merde envahissent mon cerveau. Extraterrestre, danger ! Extraterrestre, danger ! D'accord, copain, il reste trente secondes avant mon arrêt. T'as quelque chose pour moi ? Envoie. Je me mets sur la défensive – une sorte de mélange entre Bruce Lee et Harry Potter. Mes mains se font menaçantes. Grimace de chimpanzé sauvage.

« Ma chère fille, il n'y a pas lieu de s'alarmer », dit Chattemite d'Argent, en tendant les mains comme un Jésus tiré à quatre épingles ou comme s'il allait me sauter dessus, mais le bus brinquebale trop, le chauffeur hurle « shiiitooowwwnpeeessshhzz » et la colline qu'on dévale à tombeau ouvert est telle qu'on manque de tomber tous autant qu'on est, et...

Dring.

Envolée, la fille.

22

Franchement, de toute ma vie j'ai jamais été aussi contente de voir quelqu'un que je viens de baiser roya-lement.

Quand je sors de l'ascenseur qui mène au cabinet de Sig, la porte est déjà ouverte, alors je me rue dedans. Je suis essoufflée d'avoir couru. Vu la façon dont on se tient tous les deux, on se croirait dans un film. Zoom avant. Je regarde Sig, Sig me regarde. Putain. Je dégaine mon portable qu'est dans mon sac Dora. Je textote rapidos : *perdu ma voi, merde... g quite le bus, yave 1 mec chelou.* Son pantalon vibre. Il sort un portable de sa poche et lit.

Il lit. « Je vois, dit le Sig, calmons-nous une minute, d'accord ? » Il me guide jusqu'au divan, puis ferme la porte du cabinet.

Je m'assois sur le redouté divan en cuir noir pour reprendre mon souffle, bloc de papier et marqueur à la main. Sig s'assoit dans le fauteuil à dossier en chapeau de gendarme. Il croise les jambes. Sort un cigare de sa poche. Un briquet en argent. On s'assoit et on se dévisage. Bonjour l'ambiance. Pervers. On dirait qu'il attend quelque chose. Passe une longue minute de silence. Putain. C'est moi qu'il attend ? Je suis tellement survoltée au fond de moi que je pourrais tracter un train. Fait chier. Je prends une décision directoriale. Je plonge la main dans la poche de mon jean moulant et j'en sors un Xanax. Je le mastique sauvagement comme si c'était de l'aspirine pour bébé. Sig ne bouge pas, ne fait aucun commentaire. Je ferme les yeux. Je retiens mon souffle pendant sept secondes. J'expire pendant sept secondes. Je recommence plusieurs fois. Sig ne bouge pas, ne fait aucun commentaire. Quand j'ouvre les yeux, il attend encore. Il m'attend encore.

Bon. Je peux à nouveau respirer. C'est de bonne guerre. À moi de bouger. Je regarde mon bloc de papier. Mes oreilles chauffent. Je textote, *serieu, vs me deteste ?* Il lit sur l'écran de son portable et je regarde le plafond. Couvert de fissures génitales. Comme de juste.

Il étudie mes mots. Dieu du Ciel, y a quatre mots, bordel ! Il finit par dire « Avez-vous déjà vu un personnage du nom de Jung à la télévision ? »

Je le dévisage. Je fais un gros clin d'œil d'idiot. Puis j'essaie d'arrêter. Fait chier. Il allume son cigare. L'air entre nous est soudain lourd de musc tabagique. Pour des raisons que je ne peux expliquer, je pense à Heidi. Faut bien que je lui reconnaisse cette qualité, c'est un beau parleur.

Il se trouve que j'ai vu ce Jung à la télé. C'est un psy télévisuel. Son truc tourne en général autour des rêves, des animaux, du New Age, du vaudou, du maraboutage... Mais son émission cartonne.

Oui, je textote, *il é rich.* On va où, au juste, avec ça ? C'est dingue la vitesse à laquelle chez moi l'odeur de cigare passe d'agréable à écœurante.

Il lit. « Bien, alors comme d'habitude, vous voilà avec un coup d'avance », dit le Sig.

Ça nous avance à quoi ? Sérieux ? Une nana sans voix assise face à vous ? Fraîchement descendue d'un bus à cause d'un satyre ? Sig fume. La fumée, même si ça peut paraître bizarre, semble être sous son contrôle. Elle monte en grosses volutes vers le plafond, puis tombe légèrement au-dessus de la tête, comme si elle se tournait pour vous regarder, vous examiner, enregistrer vos actions et attitudes. La vache... je dois vraiment être en piteux état.

Sig se lève et glisse à côté de moi en allant à sa bibliothèque. Il faut que je me tortille dans tous les sens pour le voir. Il caresse ses bouquins. Super. J'ai peut-être eu tort de venir. Je fixe par hasard la zone de son chibre. Plat comme une limande. Calme ta joie.

Depuis la bibliothèque où il caresse sa collection, Sig dit : « Jung est un vendu. Un ancien collègue à moi. Un ancien étudiant, à vrai dire. Malheureusement pour moi, son retour dans ma vie s'est accompagné de très... sérieuses répercussions. »

Je suis furieuse, maintenant. Je tape mon venin sur les petites lettres de mon iPhone. Quel rapport avec moi ? J'ai envie de lui jeter mon iPhone.

Il lit. « Tout, ma chère Ida », dit-il.

Dacodac. Mon psy a fait tomber son dreidel. Et c'est peut-être en partie ma faute. Saloperie de karma, pas vrai ? Je suis foutue. Je me lève, je frotte mes cheveux en herbe et je fais genre je me barre. Mais qu'est-ce que j'avais dans le crâne ? Et quand je m'approche de lui, il me saisit doucement le bras.

« Ida, dit-il, s'il vous plaît, asseyez-vous. » Il me caresse les épaules. Me conduit jusqu'au divan. « Tout va être révélé. » Il sourit. L'espace d'un instant il n'a pas l'air fou.

J'ouvre la bouche. J'essaie de parler. Un petit grincement triste sort. Je m'assois sur le divan. De plus en plus, avec mon iPhone estropié, je me sens comme cette poulette dans *La Leçon de piano.* Mais c'est tout ce que j'ai. *ecoute*, je textote. *le daron a fé 1 gro infarctus. la darone s'est kc a vienne. chui seultou avec la tepu du père é d demon n1. Pa 2 voi. 1 perver voulé me pécho. le bad, mec* »

Il lit.

Il hoche la tête.

Il glousse.

Ris, ducon. Puisque t'es gai, ris donc ! Il lève les yeux sans décrocher un traître mot.

Très bien. Bon, va falloir en finir avec cette petite comédie. Je textote, *ta pa 1 trass ? ds le tiroir du o ? Paske y a plu ke sa pr me sové. Aranj moi steup é je t lache.* Je m'assois, les mains au repos. Sans faire de cinéma.

Le type reste imperturbable. Chapeau bas.

« J'ai, comme vous le suggérez, du benzoylecgoninc. Mais je crois qu'on en a tous les deux suffisamment pris. Non ? » Il se penche vers moi. « Ne désespérez pas, belle Ida. Je peux vous aider. Mais pour que je vous aide », il met sa main sur sa gorge, « il faut que vous m'aidiez. »

Nom de Dieu. J'aurais dû m'en douter. On en revient toujours à ça. Je vais devoir tailler une pipe à mon psy ? M'évanouir ? Me réveiller aux urgences ? On serait quittes, du coup ?

Il rit. Comme s'il savait ce que je pense. « Il ne s'agit pas de ça, me rassure-t-il. Et d'ailleurs, vous m'avez d'ores et déjà, si j'ose dire, fait prendre de la hauteur. »

Damned ! Il m'a l'air de prendre ça bien.

« J'en viens au fait », dit-il en se penchant plus près encore, ses yeux ont maintenant l'air de deux pièces d'argent. « Vous avez en votre possession une certaine vidéo. »

Mon cou se hérisse et je claque mes genoux entre eux, dans un bruit sourd.

« Allons, allons... n'ayez pas l'air si surprise. Je le sais car mon attaché de presse le sait et il le sait parce que ses sous-fifres l'ont trouvée sur... comment vous dites déjà ? YouTube[1] ? Judicieusement baptisé pour une nation d'enfants égocentriques. » Il se tourne et marche en direction de son bureau où repose l'horloge que je lui ai offerte. Ouais, celle avec la caméra dedans. Il se penche tellement que son visage est directement devant. Il sourit et fait signe. « Coucou ! » se dit-il à lui-même. Puis il souffle la fumée de cigare à l'objectif.

Grillée.

Je plonge les yeux dans mon giron. Faut que je fasse pipi. J'ai les yeux qui me grattent. Quand il parle à nouveau, c'est avec la voix d'un père. Pas celle de mon père, mais la voix qu'un autre père prendrait s'il était en colère ou sévère. Je ne suis pas stupide. Je sais à quoi est censée ressembler la voix d'un père.

S'agit d'accélérer le mouvement un chouïa. Je textote, *j sé pr lemicion.*

Sig lit, puis se gratte la tête. Puis se gratte encore plus. Puis tousse.

« Ida, il me faut cette vidéo. Je ne peux pas la laisser dans n'importe quelles mains. Il y a des gens qui la veulent. Ils veulent en tirer profit. Ils... enfin. Je vais vous montrer. » Il fait les cent pas. Tousse. Puis va jusqu'au tiroir de son bureau. Je me dis qu'il va peut-être nous gratifier d'une petite ligne, après

1. YouTube est un mot-valise signifiant « Votre propre télévision » ou « Ta télé à toi ». (*N.d.T.*)

tout, mais au lieu de ça il appuie sur un bouton de son téléphone de bureau. Messagerie. « Sigmund, écoutez. De nos jours, les gens ne veulent pas de télé-réalité. Ils veulent aller au-delà de la télé-réalité. Ils veulent passer au stade supérieur. Ils l'attendent avec impatience. Ils tueraient un homme pour ça. Ce qui vous est arrivé – c'est le stade supérieur. Personne n'a encore jamais vu de beau bébé comme ça sur la chaîne HBO, en version intégrale, non censurée. HBO veut la scène des urgences. Votre film aux urgences explose toutes les fausses séries télé qui se déroulent aux urgences.

« C'est cet homme qui vous pourchassait, explique Sig. Il veut vous proposer une somme conséquente en échange de ces images, Ida. Il la veut pour le grand show qu'il a fait de l'œuvre de ma vie. »

Sig se lève et se dirige à nouveau vers sa bibliothèque. Il fait courir la paume de sa main sur toute une rangée de livres reliés. Genre une centaine, tous alignés. « Ce sont mes études de cas. L'œuvre de ma vie. Le travail de mon corps, mon esprit, mon âme même. Celle-ci », il pose la main sur un mince volume à l'extrémité de la rangée, « c'est la vôtre. Je l'ai baptisé "Dora". C'est votre histoire. »

Vous m'avez baptisée d'après mon sac ? textoté-je.

« Non, Ida. D'après ma nièce. Une fille de votre âge qui était cruelle, et jadis gentille envers un vieil homme. » Il fait courir le revers de ses mains le long des tranches de ses études de cas. « Assurément, elles sont tout ce qui reste de moi. » Il regarde au sol.

Merde alors, il va pleurer ? Une seconde j'ai pitié de lui.

« Ils veulent transformer mes livres en excrément télévisuel ! Je ne peux apparemment pas faire grand-chose pour les en empêcher. Ils veulent même... Jung.

Châtiment suprême non mérité. Dans mon rôle. » Il baisse la tête. Il retourne à son fauteuil à dossier en chapeau de gendarme et s'assoit. Ses épaules paraissent plus petites. Il fume son cigare. Ça sent brièvement le vieux papy gâteau.

On est assis en silence, en se regardant dans les yeux. Ma respiration est assez bizarre. Je retiens mon souffle pour arranger ça. Fais pas ta gonzesse. Reste glaciale.

« Vu que vous êtes responsable de la diffusion de cette vidéo, dit-il dans la fumée de son cigare, je crois dans mes prérogatives de vous demander de me la remettre, à moi et à moi seul. Je crois », il pose son cigare dans un cendrier sur la table entre nous, « que vous me devez bien ça. Question de morale. » Je fixe le mégot de cigare. Ouais, on dirait une petite bite grassouillette et marron. Sans érection. Qu'est-ce que je fais là ?

Je l'étudie à travers la fumée qui se dissipe entre nous. Il a raison, bien sûr, ce que je lui ai fait est à un certain niveau super méga con, mais c'est MON art à moi. C'est moi qui en suis à l'origine. C'est mon truc. Merde alors, c'est la seule chose que je sache faire. C'est moi qui décide ce que j'en fais. Nom d'un chien. Mon art, c'est tout ce que je suis. Je dis rien. Je bouge pas. J'essaie de le regarder comme si j'étais la statue de la Liberté. Du béton. Genre je pisse tout debout.

Du coup c'est lui qui passe pour avoir de la morale et moi qui dois abandonner mon art ? Vas-y, lâche l'affaire. Je pose mon téléphone. Ça demande une approche plus prudente. J'ouvre mon sac Dora l'Exploratrice. Je sors mon marqueur violet adoré. Je scanne la pièce en quête de papier. J'avise un bloc sur son bureau, je le chope et je griffonne :

Qu'est-ce que j'ai à y gagner ? Je tiens le bloc en l'air pour qu'il le lise. Ensuite je fais mine de fumer mon marqueur. Ça sent le feutre.

Il sourit. « Si vous acceptez de me donner la vidéo, Ida, je vous aiderai non seulement à retrouver votre voix, mais je vous aiderai aussi à vous sortir de votre situation actuelle. Pour de bon. Pour toujours. »

Fine mouche ! Je ne sais pas ce qu'il entend par là, mais il a forcément une idée derrière la tête. Je hoche la mienne une fois, merci le jargon universel de la rue.

Là-dessus il lâche la bombe. « Ida, j'ai fait le nécessaire pour vous obtenir un cycle d'études à la Tisch School of the Arts de l'université de New York. Gratuit. C'est l'une des meilleures écoles de cinéma du pays. Où vous pourrez, adorable fille déchaînée, faire tous les films qu'il vous plaira. »

L'enflure. Je me demande depuis combien de temps ce petit futé gardait ça au chaud.

Vous savez de quoi j'ai l'air à l'instant même ? D'une gamine avec un sac en plastique rose qui fume un marqueur comme une cigarette en chocolat. Si mes genoux étaient écorchés, j'aurais l'air d'avoir, allez, huit ans. J'enlève ce marqueur à la con de ma bouche. Qui reste grande ouverte. Je sais pas comment faire je sais pas comment fairejesaispas-commentfaireMERDE ! Même dans mon corps de fille sans voix, je suis muette.

Je suis déconcertée, mais je suis pas morte. Je textote, donc je suis. *on en rparl* je lui textote, bien que j'aie l'impression de ne pas me reconnaître en l'écrivant.

23

J'aimerais bien pouvoir dire que la vie vous donne un méchant coup de fouet une fois de temps en temps, mais d'après les données empiriques dont je dispose, c'est presque toujours un enchaînement gauche-droite.

Avant même que je puisse reprendre connaissance, stupéfaite après ce que m'a dit le Sig, je tombe sur Ave Maria et Little Teena assis sur le bord du trottoir devant son cabinet. Little Teena est debout, Ave Marie rebondit comme une boule de flipper.

« Ils ont pris Obsidienne ! » crie Ave Maria en se tenant les coudes.

Mes yeux deviennent énormes. Je tourne la tête dans la direction de Little Teena.

« Ce qu'elle veut dire, c'est qu'Obsidienne a été arrêtée. »

Ma respiration part en sucette illico et ma tête se remplit de coton. Je vois des étoiles. On ne s'évanouit PAS ! Tiens bon, fais pas ta gonzesse. Je ferme les yeux et j'imagine un arbre avec des racines. J'essaie de voir mes pieds comme des racines dans le sol. J'ai pas la moindre idée d'où ça vient mais j'ai le souvenir, à des millions de kilomètres de là, que ma mère m'a dit ça quand j'avais huit ans. Et à nouveau je suis en proie à une hallucination. Je me tape les pieds entre eux pour éviter l'engourdissement.

Je saisis les épaules de Little Teena, je baisse un peu la tête et je balance le regard le plus sévère que je peux trouver.

« Bien, écoute-moi, dit-il. Tâche de rester calme. Obsidienne était allée dans une réserve près de Cœur d'Alene pour voir sa cousine, et le frère de son père s'est jeté sur elle. Soûl, j'imagine. Il l'a clouée au sol et a commencé à essayer de... tu comprends. La cousine lui a sauté dessus pour l'en empêcher et Obsidienne, eh bien, Obsidienne... »

Pas besoin de savoir la phrase suivante. Je comprends. Obsidienne a pris le bout d'obsidienne pendu à son cou et l'a coupé.

« Elle l'a coupé. En travers de la gorge. À un doigt de la jugulaire. Le con a failli se vider de son sang sur place.

— Comme dans les films ! » chante Ave Maria.

Je lui balance le regard qui tue.

« Ou pas... », gémit-elle.

Je tombe sur le bord du trottoir comme l'enfance quitte un corps. Je glisse ma tête entre les jambes. T'évanouis pas. T'évanouis pas. T'évanouis pas, bordel de merde. Tes pieds sont des racines dans le sol tes pieds sont des racines dans le sol j'arrive plus à sentir mes pieds.

« Ida ! » contre-ute Ave Maria.

Puis la main de Little Teena se pose sur mon dos.

Dans ma tête il y a tellement de trucs que je comprends pas. Des chansons, mots, images... je sais même pas d'où ils viennent. Est-ce qu'ils viennent de ma vie ou je les ai imaginés ? Y a-t-il une différence ?

J'ouvre les yeux et je m'assois. C'est le crépuscule. Les nuages zèbrent le coucher de soleil, à tel point que le soleil paraît ridé. Que ce soit réel ou imaginaire n'a peut-être pas d'importance. L'imaginaire nous tient peut-être en vie. Je sens Little Teena qui me gratte le dos. J'entends Ave Maria fredonner. Je regarde le soleil ridé à nouveau. Le soleil dans le ciel de Seattle est le nombril d'une fille au-dessus d'un jean moulant taille basse.

Je me lève. Je récupère mon iPhone dans mon sac Dora. Je textote *l é ou ?*

Les culs de Little Teena et Ave Maria bourdonnent. Ils vérifient leur portable simultanément. Ce que j'aime la technologie !

Ave Maria dit : « Ils l'ont mis dans un centre de jeunes près de Renton ! »

Je textote *1 centr 2 jeun ? L a presk 18 an. pourkoi ds 1 centr 2 jeun ?* Little Teena me touche l'épaule plus doucement qu'aucun frère aimant le ferait jamais. « Ida, Obsidienne est loin d'avoir dix-huit ans, ma chérie. Elle en aura seize le mois prochain. Tu le savais pas ? »

Vous voyez ce que je veux dire. Un enchaînement gauche-droite. Sauf qu'il s'agit pas de moi. Il s'agit de la fille que j'aime. De tout mon cœur. J'aime une fille qui s'appelle Obs et il faut que quelqu'un la sauve de l'enfance avant qu'il soit trop tard. Cette fois mes pieds sont pas uniquement au sol, ils sont dans le sol. Je suis une putain de fille-arbre. Je textote *vazy, on décal.*

« Où ça ? » répond Ave Maria qui court à côté de moi en moulinant inexplicablement des mains et des bras.

vé la tiré de la ma cops, je textote.

Sans cligner des yeux, parler ou penser, Ave Maria tire sur ses cheveux des deux côtés et chante en direction du soleil couchant ridé « On va avoir besoin de la Jag » en sachant parfaitement ce que ça implique. Eh oui !

24

Pendant qu'Ave Maria et Little Teena œuvrent pour voler la Jag, une fois de plus, je marche d'un pas lourd vers chez Marlene. En regardant mes Docs sur le trottoir de Seattle, j'ai une autre révélation. Je n'ai pas besoin d'une maison. D'un papa. Je n'ai pas besoin de ma maman. J'ai juste besoin de ma Marlene.

À l'aéroport Sea-Tac, Marlene est un homme : Hakizamana Ojo. Comme je vous l'ai déjà dit, Hakizamana Ojo s'occupe de manœuvrer un de ces scanners corporels. Il a un haut niveau d'habilitation en termes de sécurité. Il est très bon dans son boulot. Il a été promu trois fois – même la Sécurité intérieure n'a rien trouvé de louche sur son compte, malgré son nom, c'est dire. Il n'y a sans doute personne au Sea-Tac qui en sache plus sur la sécurité que Hakizamana Ojo. Ou sur les organes génitaux. Ou sur le changement d'identité.

Un soir que Marlene s'était fait jeter par une tête de cul avec une moustache crayon – sans aucun doute un de ces branchés de Portland –, on était assis en haut de son immeuble et on pleurait en buvant des bières Pabst Blue Ribbon. On faisait une pyramide bleu argent avec les vides. Assez grande, la pyramide. Marlene pleurait. Beaucoup. Je savais vraiment pas quoi dire ni faire, alors je me contentais de rester assise là, comme une bûche. Mais une bûche loyale.

Marlene a fini par dire : « Quand j'étais un garçon au Rwanda, mon père allemand a battu ma mère et l'a laissée pour morte. Il l'a battue parce qu'elle avait été violée. Ensuite il est parti pour ne jamais revenir. Elle a guéri grâce à mes soins. Je portais des vêtements de femme. Ses vêtements à elle. Je voulais être douce et bonne comme le sont les infirmières et les mères. Le mois suivant je portais une robe dans le ghetto, et quatre garçons plus âgés que moi m'ont fourré une matraque dans l'anus puis m'ont battue et laissée pour morte. J'ai réussi à rentrer chez moi. Ma mère avait acheté un billet d'avion. Pour partir vivre avec mon père en Allemagne. Elle a dit : “Toi et moi, on est des Tutsis. Ils sont en train de nous exterminer.” Elle a ajouté : “Tu mourras si tu restes. Enlève cette robe.” J'aimais ma mère plus que tout au monde. Elle avait été violée plusieurs fois et avait une cicatrice de brûlure qui lui barrait l'œil. Je me rappelle m'être dit : Y a-t-il quelque chose de pire qui puisse arriver à quelqu'un ? La mort ? »

Puis Marlene a arrêté de pleurer. La lune était grosse. Le toit de son immeuble était allumé comme une scène. « J'ai la capacité de faire n'importe quel passeport. Je peux être qui je veux. Pour toujours. Ou faire de n'importe qui n'importe qui d'autre », dit-elle. Ou dit-il. Rien de ce qui m'arrive de mal ne sera aussi mal que ce qui est arrivé à Marlene. Et pourtant on était là, assises sur son toit avec une pyramide de Pabst. Deux personnes avec des problèmes d'identité. Je n'ai jamais oublié ce moment. La façon dont

Marlene et Hakizamana étaient présents tous les deux. Interchangeables. Si besoin était. Dans les moments de danger ou d'amour. On est retournées dans son appartement en laissant la pyramide de bières Pabst comme testament de quelque chose.

Quand j'arrive chez Marlene, trois choses sont vraies.

Première chose : la porte de Marlene est déjà ouverte.

Deuxième chose : le pervers chattemiteux argenté du bus est assis à sa table de cuisine et boit un verre de kirsch.

Troisième chose : Marlene est habillée exactement comme Barbara Stanwyck dans *Assurance sur la mort*. Jupe crayon, chemisier en soie blanche, bas couture, talons de tueuse. Et si Barbara Stanwyck était afro-américaine ? Portrait craché. J'ai failli rire.

Ils me regardent. Je les regarde.

Marlene dit : « Ah, Ida. Cet homme dit qu'il te connaît. Je lui ai dit que je ne pensais pas, mais il dit que vous vous êtes parlé récemment. »

J'ai fait non de la tête. Il faut être prêt à être n'importe qui dans des moments de danger ou d'amour.

« Oui, je lui ai dit que ça me semblait plutôt impossible, dit Marlene en marchant vers le frigo.

— On se connaît, pourtant, Ida », dit le vicelard.

Il n'y a pas grand-chose d'autre à faire qu'entrer. Je le fais. M'assois à la table. Je regarde le plafond. Marlene farfouille dans le freezer. Non, elle casse de la glace dans un saladier avec un pic à glace. Et revient avec un verre de kirsch pour moi. Avec des glaçons. Et sourit.

« Ida, j'aimerais vous faire une proposition », dit Chattemite, puis il se tourne vers Marlene. « Peut-être pourriez-vous nous aider à communiquer ?

— Certainement », répond Marlene. Sous la table de cuisine elle pose son orteil sur mon orteil et appuie dou-cement.

Je lui jette un regard genre Ce mec est un gros golio. Elle baisse les yeux et me fait un clin d'œil sous ces méga cils genre Carrément qu'il l'est.

« Navré de vous avoir fait paniquer dans le bus, commence-t-il. Ce n'était pas mon intention. »

Je serre mes joues-fesses. Marlene appuie à nouveau sur mon orteil.

« Écoutez, inutile de ménager la chèvre et le chou. J'en viens au fait, continue-t-il. Je vous offre 5 000 $ pour vos images de Freud. Cash. Sans condition. » Il arbore un sourire suffisant. Boit son vin à petites gorgées.

Je regarde sa lèvre s'enrouler autour du bord du verre. La bouche des cinquantenaires fait peur en général – on voit trop la gencive. Et personne n'a jamais réussi à masquer la mauvaise haleine.

Dans ma tête je me dis *cinq mille*. C'est comme une carte d'anniversaire de grand-mère. Avec cinq mille boules, t'as plus rien aujourd'hui. Je penche la tête sur le côté, lève le pouce tendu vers lui.

Il blêmit. Puis se reprend. « J'ai dit cinq mille ? Je voulais dire vingt-cinq mille. » Il sourit, suffisant.

Tu délires, boloss. Je secoue la tête. Je sors une clope et je l'allume. Il me zieute. On dirait qu'il est en train de penser que je suis une petite merde.

« Je vois, dit-il. Peut-être avez-vous un chiffre en tête ? »

Je récupère le marqueur dans mon sac à dos. Doucement et délibérément, j'écris un chiffre sur la table de cuisine de Marlene. 500 000. Je renifle mon marqueur, pour faire genre.

Ça fait la blague, je crois. Son visage est pivoine.

Sa respiration par le nez est rapide et difficile. On dirait qu'il doit ordonner à sa bouche de dire : « Ça. Peut. S'arranger. » Les dents serrées.

Je regarde Marlene. Je sais pas ce qu'elle voit dans mes yeux mais ce que j'ai dans ces orbites qui ressemblent à des billes de fille traumatisée, c'est Pourquoi il y a tout ce fric en jeu ? D'abord la proposition de Sig et maintenant ça ? Je me suis endormie pour me réveiller au pays du fric ou bien ? Ça se résume donc à ça, être adulte ? Il faut causer capital pour perdre son pucelage ?

Marlene examine mon visage. Elle l'examine même drôlement. On se connaît depuis l'âge de quatorze ans. Quatorze, quinze, seize, dix-sept ans, attention. De grandes années. Les gens y voient toujours un moment de l'adolescence – un passage obligé avant la vraie vie – mais c'est plus que ça.

Parfois toute la vie se passe dans ces années-là et le reste de la vie, c'est simplement la même histoire qui se rejoue avec d'autres personnages. Je pourrais mourir demain et avoir vécu les principaux hauts et bas de la vie. Chagrin. Deuil. Amour. Et ce que vous désignez tous si naïvement comme la sagesse. J'aimerais bien savoir la différence entre la sagesse de l'adulte et la sagesse du jeune adulte. Vous avez la capacité de vous retourner sur votre passé et de l'interpréter. J'ai la capacité de regarder mon présent et de le vivre avec tout mon corps. Vous voulez savoir ce qu'on a en commun ? Des rêves morts. Croyez-moi, aucun adulte n'aime en parler.

En plus, comment vous savez, vous les adultes, que vous interprétez votre propre vie comme il faut ? Les gens sont comme les livres et les films. Il y a un quadrillion d'interprétations différentes. Faut faire avec.

Je regarde la perruque blonde années 40, impeccable, de Marlene, si artistement posée sur sa tête. Nom d'un homme, cette femme me tue.

« Ça fait pas mal d'argent », dit Marlene, puis elle sort une cigarette et un briquet de son soutif, allume la cigarette et souffle la plus lente et la plus cool volute de fumée blanche du monde – comme on en voit dans les films noir et blanc seulement. Elle se tourne vers le mec flippant. Envoie une bouffée de fumée juste devant lui et dit : « Dites-moi, quel genre de commerce entretenez-vous avec une fille qui a, grosso modo », elle le jauge comme une pièce de bœuf, « le quart de votre âge ? »

J'aime Marlene.

J'aime Marlene.

J'aime Marlene.

Je fouille dans mon sac Dora sous la table et je branche mon H4n.

« Il faut être prudent, continue-t-elle, par les temps qui courent. »

L'Argenté de mes deux sort des papelards de la poche de poitrine de son costard et les étale sur la table de cuisine comme si ça avait de l'importance.

« J'ai un contrat avec moi. C'est une véritable transaction. Je n'ai pas le temps de déconner. Ma proposition est là, sur la table. Mais je ne la ferai qu'une fois, cette proposition. » Là-dessus il sort une flasque argentée – il a un truc, ce mec, avec ce qui est argenté ? Et boit. C'est du whisky. Je le sens. Je sens aussi son déjeuner pourri. Des crevettes à je sais pas quoi. Beurk. Il me tend la flasque. « Ida ? Qu'en dites-vous ? Prête à faire le choix de votre vie ? »

Je prends la flasque. J'ai dix-sept ans, je suis pas idiote. Je bois de son whisky dégueu aux crevettes. Plein. Presque tout. Tout, finalement. Je repose la flasque vide sur la table. Je secoue la tête pour dire non. C'est là que le connard m'attrape le bras, le tord et dit : « Écoute, petit monstre de salope d'ado, soit tu me donnes ces images, soit je te les prends. Par tous les moyens. »

Tout ce qui suit n'est que bruit.

Bruit de Marlene repoussant sa chaise et se levant. Bruit de l'Argenté de mes deux qui fait la même chose. Qui me tient toujours le poignet, du coup je me retrouve secouée comme une poupée dans un film d'horreur. Bruit de « Vire tes sales pattes de cette fille ! » émanant de Hazikamana Ojo. Sans chichis, menaçant façon macho ghetto. Bruit de l'Argenté de mes deux qui dit : « Tu sais pas à qui t'as affaire, la fiotte ! »

Là-dessus, un plan continu si cool qu'il vous époustoufle : Marlene dégaine un pic à glace de la manche de son chemisier en soie blanche et traverse la pièce en direction de l'Argenté de mes deux, le cravate direct, lui fait une clé au bras et lui enfonce le pic dans le cou juste assez pour qu'il crie et qu'il lâche mon poignet.

Je vous l'avais dit qu'il était balèze, question sécurité.

Je prends mes distances par rapport à la scène. Je halète. Mais je m'évanouis pas. Parfois les sauveurs n'ont pas la tête qu'on pourrait croire.

J'aimerais bien dire qu'il s'est passé un truc vraiment super ici. Mais la vie, c'est pas comme dans les films. L'Argenté de mes deux, même avec sa tête déformée et son bras bloqué, commence à rire. Les yeux de Marlene grossissent. Je regarde derrière moi.

L'Argenté de mes deux raconte : « J'espère que ça te dérangera pas, Ida, gloussant sous la prise solide de Marlene, j'ai pris la liberté d'appeler tes parents. »

Dans l'entrée, Peppina et mon extraterrestre de pater livide. Dans mes tripes, l'inéluctable vérité de ma vie.

« Mais qu'est-ce qui se passe ? dit mon père.

— Ida ! » crie-t-elle en vraie Vixen.

Une seule chose à faire. Je gerbe.

25

Dans le rêve, j'erre dans une ville que je ne connais pas. Piano classique en bande originale. Je vois des rues pavées et des grandes places qui me sont inconnues, à part dans des films historiques nazes. Puis j'entre dans une maison où je vis et je trouve une lettre de ma mère disant : « Ton père est mort, si tu veux, tu peux venir. » Je descends une route et demande un quadrillion de fois : « Où est la gare ? » Mais les gens ressemblent aux zombies qu'on croise dans les rêves. Je vois un bois épais à distance, je vois la gare devant moi et je cours dans sa direction, mais ça revient presque à courir dans de la Jell-O, et je n'arrive pas à l'atteindre.

Je me réveille. Je suis en nage. Je jette un œil à mon réveil. Il est cinq heures du matin. Ah oui, autre chose : mon entrejambe est trempé.

Le reste de la « nuit », je pense à ce rêve à la con. Je sais exactement ce que dirait le Sig. Il dirait que je souhaite la mort de mon père pour m'avoir trahie. Mais je ressens de la culpabilité, vous savez, parce que vouloir la mort de son papa, c'est du genre pas cool. Je sais ce que dirait Siggy à propos du bois, aussi. Il dirait que c'est un paysage sexuel. Il dirait que ce que je veux vraiment, c'est que monsieur K le lubrique pénètre dans ce bois et me baise grave, en représailles contre mon abruti de papa.

Franchement je me demande par moments ce qu'il met dans sa pipe à crack, ce mec.

Vous voulez que je vous dise ce que ça veut dire, à mes yeux ?

Je pense que je rêve d'être débarrassée de mon papa pour pouvoir trouver une femme.

Peut-être ma mère. Non, je ne lui pardonne pas sa maternité toute pourrie. Mais je l'entends encore dans ma tête, jouant au piano. Je crois que quand elle jouait du piano, elle essayait de me dire quelque chose. Quelque chose sur l'art. Mais à ce moment-là son mariage a sombré, elle est devenue une belle idiote et je me suis transformée en moi.

Je pense que le bois dans le rêve est un obstacle, et oui, c'est peut-être la carte d'une fente, mais je pense que je suis censée le traverser directement – de fente à fente – pour voir de mes propres yeux ce qu'il y a de l'autre côté. Je pense qu'elle garde un secret depuis toutes ces années.

Je mets ma main entre mes jambes. Collant. Je porte la main à la bouche. Pommes salées. Je roule sur le côté. Je tire les couvertures sur moi. Me voilà fœtale. Je m'enroule sur moi-même sous les couvertures. Tu viens de la matière gluante salée. La matière gluante salée vient de toi. Tout se résume peut-être à la fente, en tout cas c'est pas rien. Sous les couvertures, c'est beau et sombre.

Vers 8 h 30 quelqu'un frappe à la porte de ma chambre. « Ida ? » Peppina la tepu ! « Tu es présentable ? » dit-elle.

Si je le suis ?

Après avoir mis mon jean moulant et un tee-shirt du Velvet Underground, j'ouvre la porte. L'expression de son visage tient de la peur et du fascisme. Sérieux.

Elle entre.

S'assoit sur le bord de mon lit. Si vous avez survécu à l'adolescence, vous avez été témoin de plusieurs de ces scènes. Elles ne sont jamais, mais vraiment jamais, bon signe.

Peppina porte un pull rouge dont le col en V descend si bas que son décolleté a l'air d'une caverne. Si j'étais un homme je serais incapable de parler à cette femme et de la regarder dans les yeux. Merde, déjà en tant que moi, je peux pas la regarder dans les yeux. J'en ai littéralement le vertige. Genre je vais tomber au fond de cette caverne nichonnue. Quelle belle mort.

« Ida », dit Peppina, et un bref instant je me dis *Génial !* On a les deux prénoms les plus bêtes de l'histoire de la planète. En quoi c'est difficile de trouver des noms cool pour une fille ? Prenez Obsidienne, par exemple.

« Ton père pense que peut-être, toi et moi, on pourrait évoquer certaines choses plus facilement, dit Peppina, entre femmes. » Elle prend une longue inspiration.

Ma vieille. T'es tellement pas ma mère.

Elle prend une inspiration encore plus profonde. Je regarde son décolleté. Attention ! Ces obus vont éclater ! Je me surprends à réfléchir. Et après ? Mon crétin d'extraterrestre de pater pense que tu devrais discuter avec moi ? Super.

« Je sais que tu traverses un moment difficile, dit-elle, et je veux que tu saches que je comprends. Tu peux me croire. Mes propres parents ont divorcé quand j'avais dix ans. Je veux que tu saches que tu peux me parler. Pour cette raison. Parce que je comprends. »

Si j'avais une voix à l'instant même ? Je lui dirais d'aller se faire mettre. Seulement j'en ai pas ! Alors je me cure le nez.

Elle sourit. « Tu sais, Ida, ce genre de chose, ça ne prend pas avec moi. Je ne suis pas... idiote. »

Elle se rapproche de moi en un éclair. Je sens son parfum vaudou. Où est-ce qu'elle veut en venir ? Je m'assois dans mon « cône de silence » et je me concentre pour que son pull s'envole dans les airs.

« Écoute, dit-elle avec sa voix de Vixen, pourquoi toi et moi, on ne repartirait pas de zéro ? J'aimerais t'emmener faire du shopping. »

Du shopping ?

Cette femme serait-elle folle ?

Elle se rapproche encore de moi et pose sa main sur mon genou. Mon entrejambe se réchauffe. Mon visage rougit. Je secoue la tête pour dire non.

« Ida », dit-elle en tendant les bras et en tenant mon visage entre ses mains, « je pense qu'on peut être amies. »

Je tire mon visage d'un coup sec.

Peppina s'est tellement rapprochée qu'elle s'assoit presque sur moi. Elle reprend mon visage dans ses mains. Cette fois, elle tient ma mâchoire plus fermement. « Ida, mes sentiments pour toi sont forts. Je me rappelle quand tu n'étais encore qu'une enfant... »

T'es tellement trop pas ma mère.

J'évite de croiser ses yeux. Je baisse le regard. Mais vous savez ce qu'il y a en bas. La caverne. Ces énormes globes pendants. Plus blancs que le pain. Le méchant parfum. Ses nénés montent et descendent avec sa respiration. Le parfum m'envahit le nez. Je peux rien y faire. J'ai envie d'enterrer mon visage dans ses nénés. Envie de la tripoter comme un chimpanzé. Ensuite elle rapproche mon visage du sien et m'embrasse à un centimètre de mes lèvres, le tout au ralenti, en tenant toujours ma bobine entre ses mains.

J'ai encore la crotte de nez de tout à l'heure.

Vous savez comment des fois on fait un truc sans savoir d'où ça vient ? Eh ben j'attrape sa chevelure rousse. Ma main disparaît dans toutes ces vagues auburn en suspension autour de son visage et de ses épaules – franchement, c'est mythique –, j'enfonce soigneusement la crotte de nez dans sa chevelure parfaite et ensuite ? En la fixant dans les yeux, je dépose un énorme baiser mouillé sur sa bouche.

Avec la langue.

Elle recule. M'en allonge une bonne. Je souris. Le goût insistant du sel et des pommes... du moins pour moi.

« C'était complètement déplacé », dit Peppina, la main sur sa poitrine qui se soulève. Quelle voix criarde pour une Vixen.

« Je vais parler à ton père », dit-elle en titubant direction la porte, « tes... problèmes sont bien pires que je ne l'imaginais. »

Exit la Vixen, côté cour. Faut que j'avoue : pendant qu'elle ferme ma porte d'ado, je regarde son cul faire cette magnifique inflexion, à chaque pas, sous ce... comment ça s'appelle déjà, un pantalon noir comme ça ? Un pantalon de Vixen ? Je suis sûre qu'on voit de l'humidité dans l'espace noir sous son cul et entre ses jambes.

On prend date pour le shopping, copine, je dis.

Dans ma tête, je veux dire.

Et à l'instant où la tepu de mon papa se barre ? Je pousse mon lit contre la porte de ma chambre. Je pousse ma coiffeuse à travers la pièce et je la fais valdinguer sur le lit pour l'alourdir. Je débranche ma télé et je la mets sur le lit aussi. Ensuite je démonte tous les tasseaux de mon studio fait maison et je les coince entre le lit et les murs. Je recule. Le plumard et tout le tremblement ont vaguement l'air d'un vaisseau spatial. Je superglue aussi le châssis de la porte au niveau de la poignée. Je me dis que j'ai vingt-quatre heures à tout casser.

Pour faire de cette chambre quelque chose qu'ils n'oublieront jamais.

26

Au mur de ma chambre, avec mon marqueur violet, j'écris « Aphone ». Autour, je dessine une grosse tête chauve avec une bouche ouverte. Je lui fais de très longs cils voluptueux.

Aphonie signifie littéralement « sans voix ». C'est le Sig qui me l'a appris.

De l'autre côté de ma chambre, le boumboumorama a commencé. C'est eux. Premier round du martèlement parental à ma porte. Premier round de « Ida, ouvre cette porte s'il te plaît. » Premier round de mon extraterrestre de pater et de sa rouquine de tepu. « Ida, tu vas ouvrir cette porte ! Ida, c'est déplacé ! » Et au prochain « Ida » que j'entends ? Je balance mon réveil contre la porte. Tandis qu'il vole dans les airs, je vois 21 h 31 faire des cabrioles dans l'espace. L'impact les stupéfie une minute. Je les entends baragouiner des conneries en soupirant de l'autre côté du bois. Puis quelqu'un essaie de tourner le bouton de la porte. Cliquetiscliquetiscliquetis. SUPER GLUE. Demeurés.

Mon cul bourdonne. Je sais pas qui c'est, mais qu'il crève.

Si vous googlez Aphonie et que vous allez sur la page de Wikipedia, vous verrez tout un tas de conneries selon lesquelles chez une personne aphone qui se prépare à parler, les cordes vocales – qui d'ordinaire se rassemblent et vibrent – ne se rencontrent pas. Eh ouais, quand des cordes vocales baisent, la parole naît. Quand on est aphone, c'est qu'il n'y a pas de baise. Du coup on est silencieux. La perte de voix peut être due à une blessure, mais aussi à la peur, à un traumatisme ou au stress. Ce que je veux dire par là, c'est qu'on peut parfaitement perdre la voix parce qu'on est paumé. Comme moi.

Je récupère mon Zoom H4n dans mon sac Dora. Je le pose près de la porte et le mets en marche. C'est surtout le son qui m'intéresse. Leur martèlement de malades à la porte. Après ce soir je n'aurai plus jamais à les écouter.

Je farfouille dans mon sac Dora en quête de mon couteau suisse « Élite ». Il y a du papier chiffonné dedans. Je le déchiffonne. Ah. Une interro ratée. À l'école ils nous font apprendre par cœur les capitales, les matières premières et les systèmes politiques de l'Islande, de la Yougoslavie, du Rwanda. Ils nous font des interros avec des cartes uniquement constituées de contours en noir et blanc et les frontières des prétendus pays. On est censé mettre les noms. Écrire les données. Dans l'endroit où il y a le Rwanda, j'écris « Marlene » en rouge. C'est le seul mot que j'ai écrit. J'ai raté quasiment toutes mes interros. Les interros, c'est pour les gonzesses.

Je me penche sur le mur sur lequel j'écris. Je pense à Obsidienne emprisonnée dans ce foyer de réinsertion pour ados paumés. À moi barricadée dans ma chambre. Ce dont on a besoin, c'est de s'évader. De nos vies, de Seattle, de l'absurde scénario de fille. Je dessine une silhouette de fille sur mon mur. Je lui fais de longues brassées de cheveux violet foncé. Et un petit collier avec un éclat effilé de pierre suspendu au bout. J'écris : « CON-trée ».

Cul qui vibre. Font chier.

Boum boum boum et Ida Ida Ida à la porte. Ida ci et Ida ça. J'attrape la souris de mon Mac et je la balance aussi fort que possible sur la porte. Un instant je m'en veux et j'ai l'impression d'entendre un petit cri. Mais non, c'est juste Peppeleptique qui fait des bruits de femme.

Je me demande où habite la voix dans un corps. Dans la gorge, où ça bat la chamade à mort, nous faisant croire qu'on a des choses super importantes à dire ? Dans la tête, où les pensées se télescopent et s'entrechoquent à fond les ballons comme au flipper jusqu'à ce qu'elles descendent la glissière vers le trou pour revenir au monde ? La voix pourrait-elle venir de n'importe où ?

Une fraction de seconde, c'est silencieux à ma porte. Ils doivent être partis chercher de l'aide ou... une masse.

Je m'allonge sur mon lit pour me reposer de l'écriture. Je tripote mon couteau suisse Élite. Je choisis une des plus petites lames. Sans avoir besoin de regarder, je la pointe droit vers mon visage. Avec une main sur ma bouche Aphonie, je grave un petit sourire sur mon menton. Je souris d'un large sourire de chimpanzé. La petite coupure sculptée au menton s'élargit et suinte. Ma bouche silencieuse trône au-dessus de ma minuscule bouche saignante. Du pouce, je touche le minuscule sourire gravé de mon pouce, j'étale le mouillé chaud qu'il y a dessus et je mets une empreinte de sang sur mon mur. JE suis passée là. Puis je suce mon pouce.

Je roule sur le côté pour descendre de mon lit et me retrouve devant l'un des derniers coins du mur sans l'histoire de ma vie dessus. J'écris « Cher Francis Bacon, la meilleure des toiles, c'est le corps. » On s'entend, je ne suis pas Francis Bacon. Je suis une fille. Bien sûr, je ne sais pas peindre, alors j'ai dû utiliser mon corps pour presque tout.

Je regarde mes murs de fille.

Il m'a fallu exactement dix-sept marqueurs violets pour écrire mon histoire de fille sur ces murs de chambre. Dans la faible lumière de ma lampe à lave orange et violet, c'est comme si les mots faisaient palpiter les murs. Tous ces mots. Je les entends presque. Il ne reste presque plus d'espace vierge.

J'ai jusqu'à vingt-deux heures pour terminer d'écrire et de filmer ça. C'est à ce moment-là qu'arrivera mon carrosse.

Cul qui vibre.

Je tombe à genoux. Je renifle mon marqueur. Je ferme les yeux. Je me rappelle, quand j'avais cinq ans ma mère m'asseyait dans son giron pendant qu'elle jouait du france chou beurre. Je le sais parce qu'elle me le disait que c'était du france chou beurre. Dans ma tête je répétais les mots de son nom. J'imaginais un compositeur qui mangeait des choux au beurre. Avec ses longs doigts. Déjà à cinq ans je voulais mourir dans son giron, entourée de la musique et de l'odeur de sa peau de mère, avec ses seins contre mon dos.

Assise ici à bouder, mon marqueur sur les genoux, je ne veux pas ouvrir les yeux. Ouais, je sais.

C'est *Schubert.*

Boum, boum et boum. Nouvelle et puissante démonstration d'autorité parentale martelant à la porte. La vache, c'est une batte de base-ball ou quoi ?

Qui échoue.

À.

Pénétrer.

J'éprouve l'étrange envie d'écrire au mur une dédicace à Siggy. Allez savoir pourquoi. J'en ai la peau qui gratte. Comme si je lui devais bien ça, quoi. Un truc genre : « Chie pas dans ton froc, Sig, jamais je refilerai ton film de boules aux branchouilles. » Ou : « Mon vieux Sig, ne capitule pas devant ces têtes de cul de vipères de la téloche ! Résiste ! » Ou alors je veux vraiment lui dire : « Hé, le cortiqué ! À l'avenir, quand t'auras affaire à une femme, demande-lui quelle ville incarne son corps. Quel océan. Donne-lui des livres de poésie écrits par des femmes. Comme Sylvia Plath, Anne Sexton, H.D., Adrienne Rich, Mary Oliver et Emily Dickinson. Laisse-la dessiner, peindre ou chanter son moi Avant. Que. Tu. Dises. Un. Mot.

Mais je n'écris aucune de ces choses.

C'est inutile. Ma fenêtre parle. De l'autre côté de ma chambre, tapotant à la vitre qui donne sur l'escalier de secours, courbé comme une petite gargouille.

Le Sig.

27

Avec la membrane de la fenêtre entre nous, je mets ma main sur la vitre et je le regarde. Son souffle embue la vitre de son côté. « Vous m'entendez ? » crie-t-il.

Je hoche la tête.

« J'ai essayé de vous joindre ! » hurle-t-il.

Je ne bouge pas un muscle. Je le fixe.

« Vous voulez bien ouvrir la fenêtre ? »

Je suis une fille statue.

« Ida, pour l'amour de Dieu, laissez-moi entrer ! » hurle-t-il à la vitre.

J'embue mon côté de la fenêtre de quelques profondes respirations. De mon doigt j'écris à l'envers : racontez-moi vos rêves.

Je le regarde lire et commencer à jurer. Ce mec est véritablement atteint de la Tourette. Comment il fait dans la vie de tous les jours ? Y en a qui sont vraiment total dingos. J'efface ma question du coude et je réembue un espace. De mon doigt j'écris : votre désir va à votre mère.

Il martèle sévèrement la vitre de la main, lance quelques obscénités, mais franchement c'est juste un vieil homme recroquevillé sur un escalier de secours qui parle à la fenêtre d'une mineure. Et si un flic passait par là ? Il serait grave dans la merde. Je suis tout sauf psychologue, mais quand je vois la folie, je la reconnais. Pour un peu, il m'attendrirait.

Derrière moi le brouhaha monte. Il est possible qu'ils trouvent le moyen d'entrer. Je croise les bras sur mes nénés. Je prends une énorme respiration. Je le laisse entrer.

Au début il est dans tous ses états d'avoir essayé d'enfourner son corps de vieilles couilles par la fenêtre de l'escalier de secours. Mais ensuite je regarde bien son visage et il a vraiment l'air d'une pauvre chose. Ses yeux sont bordés de rouge et c'est clair qu'il n'a pas dormi depuis un certain temps. Son visage n'est plus qu'une mer de tics. Il est... comment définir mon diagnostic ? Coké jusqu'au bout des cheveux.

« Par bonheur je vous trouve chez vous ! » crachote-t-il hors d'haleine, la chevelure encore plus nid de coucou que d'habitude. « Je sais, je sais, poursuit-il, ce n'est pas très orthodoxe, mais... »

Pas orthodoxe ? Plutôt dix fois qu'une ! Une fois rentré, v'là-t-y pas qu'il la boucle et regarde mes murs, médusé.

Je le regarde regarder mes murs. Je suis sa tête tandis qu'il s'approche d'un mur, penche sa caboche d'un côté, tend la main, touche certains mots. « Mon Dieu », murmure-t-il.

Mais ensuite ses épaules sursautent et il avale une bouffée d'air de vieil homme – ça martèle sec à la porte de la chambre à nouveau.

« Mais qu'est-ce que c'est que ça ? » râle-t-il.

Mes choix de communication à ce moment précis sont sans limite. Je dispose de suffisamment de technologie dans cette pièce pour diriger une station orbitale. Alors laquelle ? J'opte pour le plus simple des outils. J'écris PAPA sur la paume de ma main et je lui montre. Puis je marche jusqu'à mon bureau et je prends mon ordi. Mon petit doigt me dit qu'il va falloir s'asseoir. Je m'assois donc sur mon lit. Je pose l'ordi dessus. Je caresse le lit de l'autre côté et je souris.

Sig tousse.

Ça martèle à la porte.

J'ouvre un doc Word. Je tape « Ça va ou quoi, doc ?

— Je peux parler ? » demande-t-il. Ses mains tremblent comme des vibromasseurs.

Je hausse les épaules. À mes yeux, l'origine des voix n'a pas d'importance. Par contre je crois intéressant qu'il décide d'entrer dans le word.doc.

« Ida », tape-t-il.

Je tire immédiatement l'ordi à moi et pianote : « Appe-lez-moi Dora. »

Il le fixe une seconde, puis tape. Je vois qu'il a appris à taper du temps où les machines à écrire existaient encore car il tape essentiellement avec ses deux index et ses mains se lèvent trop haut par rapport au clavier. Presque comme un pianiste à deux doigts. Je le regarde tempêter sur les touches. Il a quand même l'air un peu barjo. Pourquoi les vieux types ont toujours l'air barjo ? Une fois terminé, il me tend l'ordi.

« J'ai menti. Pour le nom de votre étude de cas. En réalité, la nourrice de ma sœur a dû renoncer à son nom quand elle est arrivée dans notre famille. Elle s'appelait Rosa. Or, Rosa était le nom de ma sœur. À moins de renoncer à son nom, elle n'aurait pas obtenu cette place. Elle a pris le prénom de “Dora”. Quand j'ai eu besoin d'un nom pour quelqu'un ne pouvant pas garder son véritable nom, c'est "Dora" qui m'est venu. Une motivation inconsciente, j'imagine. »

Je me fends de quelques mots en réponse. « Vous êtes super paumé, comme mec » que je tape en lui tendant la bécane. Je la reprends et je lui tape : « Ben quoi, bordel ? »

Puis il tape « Vous savez ce que je veux. Il me faut la vidéo. Je suis traqué jour et nuit par les gens de la télé. S'ils mettent la main dessus... ma vie est fichue. Il faut que je l'aie.

— Têtes de cul, je tape.

— Il me faut cette vidéo. Ou alors il faut la détruire. En ma présence », tape-t-il.

Je fixe le doc Word. Le curseur clignote de son petit œil vertical sournois.

Puis ses mains perdent le contrôle moteur et il se résout à parler. Sa voix fait penser à un disque rayé. « Je n'ai pas... je dois... ÉCOUTEZ... c'est important... »

Là je dis chapeau. À cet instant c'est l'exemple même du vieil homme qui a perdu la boule. Il serait parfait à un coin de rue sordide du centre-ville en train de faire la manche. C'est comme si ses pupilles allaient jaillir hors de ses yeux. Ce serait pas du luxe que les adultes prennent quelques conseils sur l'usage des stupéfiants.

Puis il y a un grand COUP à la porte, genre quelqu'un s'ouvre le crâne en deux. Je regarde la porte de ma chambre et je veux bien être pendue haut et court si le coup qu'ils ont mis n'a pas fait une... – vous l'aviez deviné – une FENTE.

Le Sig manque tomber du lit, puis se relève d'un bond et s'adresse à la porte, les poings sur les hanches.

« Ça suffit ! dit-il d'une voix tonitruante à la porte.

— Mais qui est-ce donc ? hennit Pepperoni.

— Le Dr Freud », répond Sig avec autorité, se rendant soudain compte à quel point il est bizarre qu'il soit ici avec moi. Il m'envoie un regard genre Et ensuite ? Comme si je devais savoir quoi faire.

« Que faites-vous dans la chambre de ma fille ? » module mon père à l'octave supérieure. C'est la voix d'un demi-père. Faible, distant et infarctusé. Je sens un tiraillement pour lui dans ma cage thoracique. Père existait autrefois, n'est-ce pas ?

« Détendez-vous, balbutie Freud. Je puis vous assurer que je suis là pour prêter secours. J'appartiens au corps médical. »

Je regarde mon Sig raisonnant une porte. Les poings sur les hanches. Carrément. Tu traverses la chambre d'une mineure en rampant pour prêter secours, toi ? Arrête, mon gars. T'es carbonisé ! Je souris de toutes mes dents, mon sourire au menton fraîchement découpé goutte-à-gouttant du sang.

Le Sig se tourne vers moi, se voûte et se penche. « Écoutez-moi, crachote-t-il en murmurant. Je n'ai pas de temps à perdre. » Il m'agrippe le bras sèchement. Je regarde mon bras là où il l'empoigne. « Pardon, dit-il. Pour l'amour de Dieu, donnez-moi cette vidéo et je vous aiderai à vous en sortir, supplie-t-il. Qu'avez-vous au menton ? »

Lui, m'aider ? Je le fixe dans les entrailles de ma chambre, parmi le chaos qui nous entoure. Vous savez à quoi il ressemble ? Au grand-père d'Heidi si le grand-père d'Heidi était un cinglé défoncé à la coke mendiant sa dose. Je tape une dernière chose sur l'ordi et le tourne vers lui : « Mon vieux, vous êtes un vieil homme défoncé à la coke dans la chambre d'une mineure. Réveillez-vous. »

Tous les diables de l'enfer se manifestent de l'autre côté de la porte de ma chambre. On se croirait aux antipodes de la famille. Je regarde mon réveil digital tête à l'envers, à moitié écrasé. Il doit être environ vingt-deux heures moins une. Mon carrosse est avancé, j'imagine.

Sig baragouine des trucs tout bas et me poursuit partout dans ma chambre pendant que je fais mes bagages. Je mets mon H4n dans mon sac Dora. Mon couteau suisse. Vicodin. Amphètes. Puis je marche jusqu'à mon placard. Je farfouille dans les chaussures que je ne mets jamais et dans toutes les cochonneries qu'il y a dedans – fringues sales, moutons, piles mortes et mégots. Dans un coffre, sous tout ça, un bidon d'essence à briquet et des allumettes. Sans même regarder Sig, je me lève et je pointe le bidon d'essence à briquet dans sa direction.

« Bon Dieu ! » hurle-t-il d'une voix perçante, puis saute en arrière.

Bouffon. Je roule des yeux. En tenant le bidon à hauteur de taille j'arrose mon ordinateur. J'arrose le sol partout. J'arrose à tout va, les murs, mon lit. L'odeur du camping. Ou d'un barbecue familial. J'en ai les yeux qui pleurent.

La porte claque et vacille.

Sig a le dos collé au mur du fond.

« Au nom du Christ, que faites-vous ? » dit-il.

Pour un Juif, il prononce sans doute beaucoup le mot « Christ ». Ça veut dire quelque chose ?

Je craque une allumette. Je mets le feu à la boîte d'allumettes. Je jette la boîte d'allumettes sur mon lit.

Instantanément le lit se transforme en boule de feu. Nos visages s'éclairent et chauffent. C'est vraiment classe, en termes pyro machin truc. Les flammes progressent comme des doigts suivant la trace de l'essence à briquet que j'ai pulvérisée partout.

Il commence à faire super chaud dans la pièce et je dévisage Sig. À cet instant précis ? Il m'imite. On a la même expression sur nos visages. L'expression de « pourquoi ? ». L'expression qu'on a toute sa vie, je crois. Parfois les mots ne servent à rien.

Mais le temps rétrécit. Les choses sentent les pommes brûlées, les fibres synthétiques et les circuits imprimés. Sig hurle quelque chose d'incompréhensible, tombe et roule. La fumée me brûle les yeux et la peau. Ma technologie commence à crépiter et à détoner. Les mots violets bouillonnent sur tous les murs.

Un infime instant j'envisage de lui saisir le bras et de le tirer vers la fenêtre... mais vous savez quoi ? Qu'il se démerde, le Sig. Moi, je m'arrache.

À moitié sortie par la fenêtre de l'escalier de secours, avec la Jag, Little Teena et Ave Maria sur le trottoir au-dessous de moi, la porte de ma chambre dit une dernière chose qui me choque, même moi. Une voix tonitruante, une voix emplie de quelque chose d'avant ma naissance. C'est pas mon père impuissant. C'est pas Pepperoni. Je me tourne et je regarde la porte parlante, le petit corps perturbé du Sig au sol derrière moi, juste au-dessus de mon épaule.

« Ouvre cette putain de porte, espèce de satyre ! tonitrue la voix, ou je t'éclate en mille morceaux ! »

Sig reste cloué au sol avec une quinte de toux.

En descendant péniblement l'escalier de secours direction la liberté, je comprends qui est cette voix à la porte. Tardivement, mais quand même.

Ma mère.

28

Quand elle ouvre la porte de son appartement, Marlene porte un survêtement noir Nike et des Nike violettes. Des ongles violets. Du fard à paupières violet. Elle apporte dans la cuisine un grand sac de sport Nike noir avec tout ce qui nous manque.

D'abord, de une : les perruques. Pour Little Teena, alias « l'assistant social », un métèque à rouflaquettes. Et une moustache noire bien fournie. Pour Ave Maria, alias « la sister affolée », une Alice au pays des merveilles avec un bandeau bleu clair. Sinistrement saine. Et pour moi, alias « l'ado qu'a mal tourné », pas de perruque. Mes cheveux avaient atteint la longueur de ceux des filles qui se les coupent court en petits mouvements autodestructeurs. J'ai exactement l'allure d'une fille qu'a foutu sa vie – et sa tête – en l'air. Pas besoin de perruque. Je suis parfaite pour moi.

On pourrait GRAVE jouer dans un épisode de *The First 48*.

Ave Maria farfouille dans le sac Nike à la recherche d'autres conneries pour se déguiser. Elle en sort un cache-œil. « Je peux porter un cache-œil aussi ? » Elle se l'attache. Maintenant on dirait une version pirate d'*Alice au pays des merveilles*.

« Pourquoi pas ? dit Little Teena. On n'a qu'à dire que Dora a perdu la boule et t'a mis un coup de couteau dans l'œil. » Il commence à coller ses rouflaquettes.

Je gratte mon crâne de galeuse. Je pourrais probablement passer pour un mec. Mais je veux pas être un mec.

La perruque Farrah de la dernière fois est fin prête. Pour plus tard. Quand on se sauvera avec Obsidienne de ce foyer de réinsertion pour ados. Direction l'aéroport. Je la plie soigneusement et la range dans mon sac à dos.

Marlene quitte la cuisine un instant et revient avec une douce fourrure dans les bras. « Ça, dit-elle très solennelle, c'est pour Obsidienne. » Un silence tombe sur nous tous. On regarde fixement sa prodigieuse beauté. Une perruque de Wonder Woman. D'énormes mèches immenses chocolat noir. Puis Marlene m'explique soigneusement l'après-fuite.

Une fois arrivées à l'aéroport Sea-Tac – en supposant qu'on y arrive – Obsidienne et moi nous serons devenues deux jeunes mannequins coiffure en route pour Paris afin d'assister à l'un des plus importants congrès au monde de l'industrie de la coiffure. Pour ceux qui sont en quête d'excellence, qui cherchent toujours des façons d'innover dans l'industrie grandissante de la coiffure, ce congrès marie le meilleur du talent artistique et le meilleur du commerce, où figurent les grands noms du cheveu, les créateurs qui croient en « un nouveau vous » à tout âge. Marlene me tend plusieurs brochures.

Fausse pièce d'identité, faux documents, faux cheveux.

Offerts par Hakizamana Ojo.

Peu importe qui on est vraiment dans le monde d'aujourd'hui. Seul compte ce qui est écrit sur vos papiers et ce que sont les règles de surveillance sur la voie qu'on a choisie. Houston, c'est genre enlève tout bijou de chatte ou de néné, sinon tu feras l'objet d'une fouille corporelle. O'Hare, c'est genre ajoute trois heures à ton attente dans la queue et oublie l'idée d'essayer d'être « dans le coup » en disant « c'est de la bombe » ou quoi que ce soit. Une fois qu'on a les bonnes informations pour la zone géographique donnée, les timbres et données magiques, la bonne petite inclinaison de la tête, les hiéroglyphes brillants sur la paperasserie et sur la carte d'identité, on peut être n'importe qui. Je sais ce que tout le monde dit, que la Sûreté intérieure nous lâche pas d'une semelle, mais vous savez où est le vrai là-dedans ? Les gens qui bossent à la sécurité dans les aéroports ne sont qu'une bande de travailleurs surmenés et sous-payés qui ont juste besoin de leur paie et de leur boulot pour ne pas se faire expulser, arrêter ou mettre à la porte de chez eux.

C'est pas ironique, ça ?

La paperasserie est soigneusement étalée devant nous sur la table de cuisine de Marlene. C'est vraiment quelque chose. Du grand art. Je sors mon marqueur violet. J'écris MAGNIFIQUE sur la table de cuisine de Marlene. Qui sourit.

« Maintenant j'ai un souvenir de toi », dit-elle.

Ma poitrine implose.

Il est temps de partir. Mes bras s'engourdissent. Ma bouche s'ouvre. Je baisse la tête et je regarde le lino. Pour ne pas avoir à penser à tout ce temps pendant lequel je ne verrai pas Marlene, je scrute le sol. Quand je remonte les yeux, Marlene est tout affairée.

« Je vous retrouve à ma cabine de surveillance du Terminal nord », dit Marlene en faisant un clin d'œil et elle me tend deux billets d'avion. Elle nous jauge, ma petite tristesse et moi. « Liebchen ! dit-elle. C'est pas la dernière fois que tu me verras, tu peux en être sûre, mais simplement la dernière fois qu'on se voit telles qu'on est aujourd'hui, dans cette cuisine. »

Elle rit. Vous savez de quel rire. Celui qui vient de son ventre. Celui qu'est plein d'histoire.

« Pense à qui tu seras la prochaine fois ! On y portera un toast ! s'exclame-t-elle.

— Chouette ! » dit Ave Maria d'une voix flûtée en tournoyant sur elle-même, ses vrais cheveux jaillissant comme des spaghettis.

Je veux que le rire de Marlene nous tienne comme ça toute la soirée – dans la cuisine – avec des perruques partout – le mot « magnifique » dessiné au marqueur violet sur sa table. Je marche jusqu'à elle, je la prends dans mes bras et j'enfouis mon visage dans ses nénés, me demandant même au fond de mon cœur déchiré de quoi sont faits ses nénés. Chaussettes ? Silicone ? On dirait de véritables ballons d'eau chaude contre mon visage.

À notre départ, ça me gratte à l'arrière du crâne. Je flippe de faire demi-tour pour regarder, et en plus je braillerais comme une gonzesse.

Mais Marlene crie « Ma côtelette d'agneau ! » d'une voix de stentor hommefemme. Alors il faut que je me retourne une dernière fois.

À la main de Marlene, un sac plastique géant rempli de bacon. « Pour la route ! » Elle rit de toutes ses dents.

29

Dans la Jag en direction du soi-disant foyer de réinsertion pour jeunes, j'observe mes cuisses. Puis j'observe par la fenêtre de la voiture. De sombres ombres de merde passent. Il est tard. Peut-être minuit. On veut contrôler la situation au centre de réinsertion. On compte sur une petite équipe de travailleurs sous-payés. Je suis aux premières loges.

Little Teena, alias « l'assistant social », conduit, le visage partiellement éclairé par les lumières vertes et orange du tableau de bord. Ave Maria, alias « la sister affolée », occupe la banquette arrière. Je vois sa tête danser de haut en bas dans le rétroviseur, ses écouteurs enfoncés dans les oreilles. Sa chevelure d'Alice au pays des merveilles tombe en cascade sur ses épaules. Son cache-œil absurde momentanément retourné vers le haut.

Je réfléchis à la nuit. Je fouille le ciel. Avant je trouvais sans problème la Grande Ourse et la Petite Ourse. Aujourd'hui je ne sais pas dans quelle direction regarder.

Personne ne dit rien, surtout pas moi.

Ça fait mal. Le silence.

On roule.

Il me semble voir des vaches passer sur le côté de la route, mais ce sont peut-être simplement ces taches qu'on a dans les yeux lorsqu'on essaie de ne pas pleurer.

Par bonheur Little Teena me sauve de mon pathos.

« Bon ! Quel est notre objectif ? » lance-t-il.

Ave Maria enlève ses écouteurs. « Quoi ? dit-elle.

— Notre objectif. Il faut qu'on sache comment s'y prendre, répète-t-il.

— Oh ! On a mangé tout le bacon ? » dit Ave Maria en accrochant ses bras au fauteuil, de sorte que son visage est maintenant devant, entre nous.

Je lui tends ce qui reste du bacon. La voiture tout entière embaume le gras de porc.

Entre deux mastications porcines, Ave Maria dit : « Je suis hors de moi, ma sœur a essayé de m'arracher un œil avec une... avec une... » elle regarde le toit feutré de la voiture. « Avec une cuillère ! » dit-elle.

J'avoue que j'aime bien. Cette fille a des talents cachés. Dieu sait que j'ai toujours une cuillère sur moi. Celle de ma mère.

« Mais t'aimes ta sœur aussi, l'affolée, non ? Tu le supporterais, s'il lui arrivait malheur ? Little Teena l'entraîne.

— Mouais, convient Ave Maria, en mastiquant sérieusement.

— Je suis l'unique gardienne légale, voilà ce que dit la paperasserie », annonce Ave Maria.

Je souris. Jamais dans ma vie je n'en rencontrerai une autre comme elle. Je le sais.

« J'ai envie de me sortir de cette mission de merde – je veux qu'on me mette sur un homicide. Je veux faire inspecteur. » Il tripote une rouflaquette. Agite son doigt vers nous collectivement et dit : « Vous deux, vous êtes une source d'embarras pour moi.

Vous êtes indignes de moi. Je songe à me débarrasser de toi », dit-il en me pointant du doigt, « et à te piner » en s'adressant à Ave Maria, « avant que ce soit fini. »

Ave Maria se tord de rire. Moi aussi. L'image de Little Teena, alias l'assistante sociale rouflaquettée, pinant la petite demoiselle avec le cache-œil pendant que la flippante ado chauve essaie d'arracher les yeux de tout le monde à la cuillère vaut bien une dose de LSD.

« Bon, revoyons un peu le scénario, nous aiguillonne Little Teena.

— Je sais quoi dire », chevrote Ave Maria, en se cognant presque la tête au toit de la voiture. « Je suis censée la jouer genre en pleine détresse, s'il nous faut faire... comment vous dites déjà ?

— Diversion. » Little Teena secoue la tête de haut en bas.

« T'assures toute la partie tchatche avec le flic et tu refiles cette méchante pile de paperasserie aux admissions. Tu veux l'essayer sur nous, ta voix autoritaire ? » Ave Maria est presque à l'avant avec nous, ses bras maigres et ses coudes dépassant tous azimuts.

Little Teena s'éclaircit la voix. « On en a une bien excitée, je le crains, une urgence. Ils pouvaient pas la prendre à Chelan alors on est venus ici. Chelan est plein à ras bord. Bon Dieu. Les gosses, de nos jours...

— Putain, c'est d'enfer ! crie Ave Maria. Répète voir ! »

Little Teena obtempère. Puis ils se lancent dans une joute verbale en caricaturant l'argot des flics ripoux dans les séries télé. C'est étrangement relaxant.

Je regarde par la fenêtre de la voiture à nouveau. J'appuie sur le bouton et ma vitre descend. L'air de la nuit frappe mon visage. Je ferme les yeux. Parfois les choses sont tellement comme dans un rêve. Ou un film. Si je nous filmais en train de rouler, je mettrais une chanson de Nick Cave. Je zoomerais sur des objets quelconques dans la voiture – les gros doigts de Little Teena sur le volant, le halo vert du compteur de vitesse et la montre à affichage numérique. Les Hot Tamales d'Ave Maria dépassant de sa poche de jean. Et le plastique rose de mon sac Dora – les épingles de nourrice en guise d'yeux – les genoux de mon jean moulant noir. Qu'est-ce qu'il rend claustro, ce petit monde fabriqué par les objets qu'on possède.

Mais ensuite je panoterais jusqu'à filmer au-delà de l'intérieur de la voiture, parce qu'on peut faire ça, dans un film – on peut étendre ou contracter l'espace – on peut tricher sur le temps au point que quelques secondes de silence dans une voiture en route durent trente minutes. On peut accélérer toute une journée ou toute une nuit pour faire croire à une suite de coups d'œil de la rétine.

Si je filmais cette scène, je passerais de l'immensité d'un ciel nocturne à chacun de nos visages dans la voiture – les visages en gros plan peuvent ressembler à un univers en soi. Les yeux d'Ave Maria sont bleu-vert. Comme l'océan. Little Teena a une chouette petite cicatrice en virgule juste au-dessous de l'œil droit, qui lui donne un air perpétuellement timide, alors qu'il est toujours au top. Mon visage est comme un écran blanc à mes yeux. Je ne sais pas ce qu'il a, mon visage. Parfois j'ai peur qu'il n'existe pas.

Mon cul vibre. Je dégaine. C'est un texto. Ida, appelle-moi s'il te plaît. Mère.

« On passe en revue les différentes étapes une dernière fois, dit Little Teena.

— Chic alors ! » répond Ave Maria.

Je ris, mais aucun bruit ne sort.

« Étape numéro un : entrer et distraire le vigile à l'accueil. Moi à son bureau, Ave Maria en position arrière avec la flippante.

— Dacodac ! chante Ave Maria.

— Étape numéro deux : comme prévu dans le scénario, liquider la paperasserie pour avancer en direction de l'entrée.

— Étape numéro trois : gagner l'entrée, assommer l'employé des admissions par-derrière, récupérer Obsidienne.

— Dacodac, dacodac ! » vocalise Ave Maria avant d'ajouter : « Je peux frapper la personne en question avec une bouteille de Coca ? Il y a une bouteille de Coca d'autrefois ici – ma mère adore ce petit marché mexicain où on vend les bouteilles de Coca d'autrefois. » Elle la brandit. « Elles sont pas mignonnes ? Et si petites, avec ça ! »

Je jette un coup d'œil à Little Teena, puis à Ave Maria. Ils poursuivent leur faux dialogue et leur répétition avec leurs faux cheveux dans la Jag de la mère d'Ave Maria. L'amour n'est pas toujours comme on l'attendait. J'ouvre la bouche. Rien ne sort. Aucune voix, j'entends. Je souris. Little Teena interprète le silence correctement. Ave Maria caresse ma chevelure inquiétante. Je fourre le reste de bacon dans ma bouche. C'est salé et caoutchouteux, mais croquant quand même. C'est quoi le bacon, à part du gras, des nerfs et de fines bandes de viande de merde ?

Un goût qui rappelle... la famille.

30

Le foyer de réinsertion ressemble à un de ces foyers de groupe pour demeurés. Vous en avez forcément vu, c'est souvent un truc gris foncé et miteux à deux étages avec des barreaux aux fenêtres et aux portes, une pelouse cuite en lieu et place de cour, le tout entouré d'un grillage pourrave.

Celui-là a ce qui paraît être un grand dispositif de surveillance posté comme une sentinelle près de l'entrée, mais à y regarder de plus près, c'est un putain d'appareil anti-insectes.

« Google Earth-le », dit Ave Maria depuis la banquette arrière de la Jag.

Little Teena s'y colle. On s'est garés à deux blocs de là. On réunit nos trois têtes à l'arrière de la Jag et on étudie le foyer de réinsertion sur l'ordi. Il y a une entrée et une sortie, en fait. Par-devant. Pourtant la sécurité incendie signifie sans doute qu'il y a une issue derrière. Loi oblige. C'est pas bien de laisser les ados cramer. Difficile d'obtenir des subventions des services sociaux si on les passe au barbecue. Il doit donc y avoir une issue derrière.

J'efface ma mère et je textote à Little Teena : Tu peux les hacker ? Question sécurité ?

Bon Dieu. On croirait un énorme, immense crack-house.

Little Teena pianote sur le clavier de l'ordi. Bénis soient les doigts de Little Teena. Il glousse. « Tout ce qu'ils ont, c'est une série de microcaméras. Et les digicodes sont, voyons voir... ah les crétins ! Les digicodes sont tous contrôlés par le bureau d'accueil. Ils ont un système qui date des années *Starsky et Hutch*. » Il continue de pianoter.

« C'est qu'un hôtel de misère à la con, merde ! envoie Ave Maria d'une voix flûtée.

— Bon Dieu ! dit Little Teena. Leur mot de passe, vous allez halluciner, mais leur mot de passe, c'est MOTDEPASSE. Je peux tout déverrouiller d'ici et désactiver leur "système de sécurité" à trois sous sans même qu'ils s'en rendent compte. Ah les guignols ! Tribunal pour enfants, je vous salue ! » Little Teena salue dans le vide. « Bande de poires vaginales ! »

Avant qu'on descende de voiture, je leur textote à tous les deux : *respiration hatha*. Ils savent parce que je leur ai expliqué. On ferme tous les yeux et on se tient la main. On inspire sept secondes d'affilée. On retient notre souffle sept secondes d'affilée. On expire sept secondes d'affilée. On imagine l'océan. On recommence sept fois. Quand on ouvre les yeux, on se retrouve dans la peau de nos per-sonnages.

À mesure qu'on marche en direction de l'entrée, j'entends les insectes se crasher dans l'appareil électronique. Mon rôle, bien sûr, est d'avoir l'air préoccupée, abattue, au point de péter les plombs.

Pas facile, hein ?

Little Teena prend son air autoritaire, son écritoire à pince, sa fausse pile de documents.

Ave Maria tripote son cache-œil. D'une tape je chasse sa main de son visage. « Pardon », dit-elle, avant d'arborer une tête affolée à une vitesse telle que j'en ai le souffle coupé. Juste avant qu'on arrive à l'entrée, Ave Maria empoigne nos deux bras et chantonne : « Les amis ! Les amis, vous êtes d'enfer ! » Puis elle embrasse chacune de nos mains et reprend immédiatement son personnage. Elle fera une super mère un de ces jours.

En entrant, il est clair que ce vigile à l'accueil est bidon. Un gros plein de soupe en combinaison blanche avec – je vous raconte pas de salades – une boîte de beignets au sucre à moitié mangés. Le système informatique ? Dell. Vous avez bien lu. C'est quoi ce plan à la con ? Des ordinateurs Dell ? Aussi simple que de prendre des bonbons à des petits vieux.

Little Teena analyse la situation à peu près aussi vite que moi et entame doucement son laïus. « J'ai une urgence sur un transport venant de Bellevue. Ils ne pouvaient pas la prendre à Chelan, alors on est venus ici. Ils sont pleins, à Chelan. Bon Dieu. Ah les gosses de nos jours... ! » Little Teena pose l'impeccable pile de faux documents et l'écritoire à pince devant le patapouf.

Jusque-là tout se déroule comme prévu.

« Je n'ai pas reçu d'appel pour une admission ce soir. Restez là une minute », bredouille gras-double. Il a du sucre glace sur la lèvre supérieure. Ça ne s'invente pas, putain.

« Qui est-ce ? » dit l'obèse en pointant Ave Maria du doigt.

Little Teena se penche au-dessus du guichet et montre les informations sur les documents factices qui identifient Ave Maria. « Nom et prénom de votre plus proche parent », « sœur » et « tuteur légal ». « Parents décédés, explique Little Teena. Comment ces deux-là ont réussi à échapper aux services de protection infantile, ça reste un mystère pour moi. Mais celle-là ? » dit-elle en montrant Ave Maria. Il se penche sur le guichet et murmure à la baleine. « Elle est infirmière. Dans une œuvre de bienfaisance. » Puis il fait un clin d'œil à la montgolfière.

Je reste debout, essayant de paraître dangereuse le plus silencieusement possible. Je darde un regard façon Bob De Niro dans *Taxi Driver.* Je souris, puis je me fige, puis je souris à nouveau. Je crache par terre, puis sans raison je siffle *When You Wish Upon A Star.*

Tout le monde se tourne et me dévisage une minute.

« Vous voyez ce que je veux dire ? dit Little Teena. Elle déborde de vitalité. Rendez-moi service et débarrassez-moi de ce petit monstre d'ado. Vous voulez bien ? dit-il en avançant pour prendre un beignet.

— Je ne sais pas, franchement... tout ça est très inhabituel comme procédure », dit le bouffi en brassant les papiers, mais tout est nickel. Marlene est une pro. Rien ne manque. Tout y est, signature ad hoc, cachet ou jargon institutionnel de dingue. Je jette un coup d'œil à une caméra de surveillance dans l'angle, derrière le dirigeable humain. Je souris et je me cure le nez. Je mets nonchalamment en route mon Zoom H4n.

« C'est très inhabituel comme procédure », redit-il. Il prend le téléphone. « Je vais devoir en référer au siège. »

Vous connaissez ce bruit dans la bande-son d'un film, quand le saphir saute et raye le disque ? C'est un paysage sonore genre : « Oh merde ! »

Ave Maria, qui improvise sans l'ombre d'un doute, se met à pleurer. D'une façon unique, bien sûr. Petits hoquets virant au gémissement. Il la fixe, le téléphone en l'air entre son bide et son oreille. Puis elle amplifie ses pleurs et commence son numéro de respiration irrégulière : assez impressionnant. Son visage devient tout marbré. Elle se gratte sur le côté des bras. Je vous jure, elle pourrait faire des performances.

« Merde, dit Little Teena, faudrait pas l'énerver », dit-il en suivant son exemple, se frappant l'une de ses côtelettes d'agneau.

Je serre les dents de façon menaçante.

« Attendez une petite minute, une minute », dit le type en se levant, une main sur son... putain, c'est quoi ce truc ? Eh ouais. On aurait dû deviner. Un Taser.

Je crache.

Little Teena commence à marcher autour du guichet des admissions où se trouve le cachalot et dit : « Vous devriez m'écouter, sinon ça risque de mal tourner. » Il passe derrière le guichet.

« Hé ! s'exclame le bouffi. C'est interdit de venir ici ! »

Ave Maria table sur une grosse diversion et monte le volume. « S'il y a pas de place ici, qu'est-ce que vous allez faire de ma sooooeeeeeeeeecceur ? Vous n'avez pas le droit de la mettre en prison ! S'il vous plaît, ne la mettez pas en prison ! Elle peut pas aller en *PPPPRRRRRRIIIIIIIISSSSSSSSOOOOOONNNN* », gémit-elle, beugle-t-elle à plein tube – jusqu'à ce qu'elle soit carrément littéralement... quel est le mot que je cherche déjà ? Ah ouais. Hystérique.

« Merde alors ! dit le replet. Vous pouvez pas la faire taire ? C'est plein de gens sensibles ici ! Vous pouvez pas vous arranger pour qu'elle arrête ? »

Ave Maria s'agite, pleure, tire sur ses cheveux d'Alice en faisant un cinéma faut voir comme.

Little Teena est presque à côté du bloc de saindoux derrière le guichet, maintenant. Je commence à faire des bonds de cabri...

« Qui c'est, vous disiez, qui déborde de vitalité ? » dit le gras-double avec ses gros boutons bleus en guise d'yeux.

« La dingue », dit Little Teena en me montrant du doigt. Je me mords la lèvre jusqu'au sang et je souris.

« L'autre, c'est sa sœur », gueule Little Teena par-delà le grabuge que fait Ave Maria, « comme je l'ai dit. Tuteur légal, figurez-vous. La sœur a failli lui arracher l'œil – et pourtant elle a refusé de nous laisser l'emmener sans nous accompagner. Bonjour la famille. Tous des cinglés, moi je dis.

— Bon d'accord, d'accord », dit la tête de beignet, qui tape un truc sur son Dell. Puis il prend une sorte de talkie-walkie. Comme dans les Toys “R” Us. Réductions de budget ? Bon Dieu, question technologie, on se croirait dans *1, rue Sésame* ici.

Grassouille parle un jargon mystérieux dans son talkie-walkie de chez Toys “R” Us. Un truc tout aussi incompréhensible lui revient à l'oreille. « Oui, je sais l'heure qu'il est. Sauf qu'on a une urgence ici. Une admission immédiate. On pourra régler ça demain matin. Sors de ton plumard. » Réponse sous forme d'une espèce de bruit blanc charabiesque.

Semblerait que tout rentre dans l'ordre.

« Bon, on va l'installer momentanément dans une chambre ici », dit le pudding en se léchant les doigts, « mais il faudra la transférer demain matin. Ça marche pour une nuit, pas plus. Je veux pas savoir qui a signé vos papiers, on est plein. Y a une clando mexicano qu'a voulu me mordre hier soir. Je suis pas assez payé pour ce job, moi, je vous le dis. »

Ma.

Respiration.

Part en sucette.

Une clando mexicano ? Cette enflure raciste prend Obsidienne pour une Mexicaine. Mon cœur tambourine dans ma poitrine. Je serre les poings à en faire deux bombinettes. Little Teena me voit montrer les dents et me balance un regard genre calmos. Avant d'ajouter « J'imagine que vous en voyez de toutes les couleurs ici. Au fait, c'est vous qui avez hérité du bandit aux pieds nus ? Il paraît qu'il a atterri par ici, non ?

— Négatif, on n'a pas eu ce bol-là. On récupère que le rebut, le vrai. Mais il a fallu la mater, cette clando. Et sévèrement. Cela dit, c'est une belle plante », dit-il en frottant son triple menton et en riant, « je serais pas contre lui mettre un coup, si vous voyez ce que je veux dire, mais bon, je tiens à mon boulot. »

J'ai une bombe dans le crâne. De l'explosif artisanal. Ce mec, va falloir qu'il gicle.

Little Teena me balance en continu des regards genre calmos.

Vous savez comment parfois votre vrai cerveau se retrouve dépassé par le... ÇA ? Je suis presque sûre que c'est la bonne terminologie. L'image de ce gros tas matant Obsidienne et se baissant sur elle avec son triple menton, sa sueur de potelé et sa bave au beignet fait exploser mon cerveau en petits éclats noirs de ÇA. Et vous savez ce qu'on dit du ÇA. C'est un chaudron d'excitations en ébullition ayant un seul et unique but, la satisfaction des besoins instinctifs.

Devinez qui m'a appris ça.

Du coup quand le gros gars se tourne vers moi et dit : « Elle a un nom, la mocheté ? »

Exit le plan.

Je m'approche de son bureau. Panneaux d'agglo peint en blanc. Je vais te dire qui je suis, je pense dans ma tête. Je suis une boule de chaos hantée par le ÇA, enfoiré. Je suis ton pire cauchemar. J'ai l'impression que mes yeux vont jaillir hors de ma tête et lui faire exploser le visage en un zillion de pièces. J'ouvre la bouche. Et alors

Ma.

Gorge.

Panique.

BANG.

Voix.

« OUAIS », je dis, à la grande surprise de Little Teena et d'Ave Maria, peut-être même à la mienne. « J'ai un nom, ducon. Je m'appelle Dora », je dis, puis je saute d'un coup sur son petit guichet pathétique et je lui mords la joue exactement comme un chimpanzé mutilerait ses soi-disant parents humains.

31

« Dites-lui de me lâcher ! Dites-lui de me lâcher ! » hurle le poisson-globe humain.

Il a un petit goût de métal, le sang de Grassouille.

Ensuite je vois l'éclair de l'arc-en-ciel ? Non, c'est du fil fou – vous savez, cette cochonnerie en bombe que les gosses se balancent – qui vole partout, sans doute envoyé par une blonde borgne qui envoie des contre-*ut* dans toute la pièce. Avant que je puisse dire « Putain, où est-ce que t'as dégoté du fil fou ? » Ave Maria met la main sur un porte-voix dans le guichet de Misteeuuur Dodu – du genre qui fait un BLAP à vous percer le tympan.

BLAP !

Et

BLAP !

Je vous jure, il y a de quoi faire une crise cardiaque.

Le gros lard se bat pour échapper à mon attaque simiesque. J'écume, je grogne.

« C'est quoi ce bordel ? » crie-t-il en mettant ses mains sur sa joue fraîchement rongée, prenant une posture défensive de gros garçon.

Little Teena plonge une main adroitement et vole le Taser dans l'étui sur le cul du pansu. Rendu momentanément sourd par le BLAP, saignant à la joue, aveuglé par le fil fou qui lui entoure le visage et la tête, le gars des admissions se prend trois coups de Taser au bide par Little Teena. Gras-double gifle l'air une fois ou deux, puis tombe de sa chaise jusqu'au sol en faisant un vague « Gaaarrrrglllllll ».

« Il est tasé, mon frère ! » dit Ave Maria d'une voix flûtée en sautant de haut en bas.

Sans se décourager et apparemment maître de la situation, Little Teena farfouille dans les tiroirs du guichet. Dedans, du chatterton, comme s'il nous attendait. Il me le lance. « Bouche, poignets, chevilles », crie-t-il en brandissant le Taser comme un Glock. Putain elles lui vont comme un gant, ces rouflaquettes. C'est un peu troublant.

Je suis moi aussi quasi sourde après ce BLAP, mais je sais quoi faire. Bouche, poignets, chevilles. Nom de Dieu... il a de ces poteaux, le gras-double. Pendant que je scotche Godzilla comme il faut, Little Teena grimpe sur une chaise et tripote la caméra de sécurité.

« Qu'est-ce que tu fous ? » je lui dis. Puis je comprends. Il enlève la carte SD. On a maintenant un film de nous. Génial.

Mais tout s'est emballé supra vite. Je transpire sous les nénés et sur ma lèvre supérieure. Fait chier. Garder les idées claires. Puis quelqu'un me tire sur le bras, par en dessous. Ave Maria ? Little Teena ? La sécurité ?

Je me tourne. Je regarde au milieu de ce chaos. Mais celui qui est là ne peut être celui qui est là. Sauf si on pense à toutes les façons possibles d'abandonner les gens qu'on veut pas se coltiner. J'hallucine. J'hallucine carrément, je crois.

C'est Paralympiques. Smiley de l'hosto. Souriant comme un smiley, d'une oreille à l'autre, qui me tire par la manche.

« Smiley ? je fais. Qu'est-ce que tu fous là ?

— MOUETTE ! » répond Smiley, qui applaudit, qui montre la porte entre nous et les jeunes délinquants. Little Teena souffle sur le bout du Taser comme s'il fumait, le fait tournoyer dans sa main puis le laisse tomber au sol.

« Tu saurais ouvrir cette porte, par hasard ? » demandé-je à Smiley en indiquant celle menant au reste du centre.

« Fais pas ça, roucoule Ave Maria, il est... »

Paralympiques tousse. « Bien sûr que oui », dit-il, comme si ça allait de soi.

Je le dévisage de longues secondes. Ave Maria le dévisage. Little Teena sourit. Quelle est la seule chose qui le rende différent de vous et moi ? Une langue légèrement plus épaisse.

« Espèce de petit futé, rajouté-je. Comment tu t'appelles ? je demande.

— Œdipe », répond-il en terminant sur un geste de la main et un mouvement de tête.

« Sans déconner ? » je dis.

Il me regarde comme si j'étais une mongolienne. « Je m'appelle Ted. » Puis il sourit d'un sourire de compagnon d'armes. Il pivote et roule jusqu'à l'issue de secours.

« Je suis très contente de te rencontrer, Ted », je dis en posant ma main sur son épaule. « Je peux te demander si tu travailles ici ou si tu...

— Si je suis détenu ? » dit-il par-dessus son épaule. Il secoue la tête de haut en bas, puis ajoute : « On s'est déjà rencontrés. À l'hôpital ?

— Oui, je sais », je dis en regardant le haut de sa tête, « mais la dernière fois que je t'ai vu, quelqu'un te courait après comme si tu t'étais enfui d'un...

— D'un asile ? »

Je reste silencieuse pendant qu'Ave Maria et Little Teena avancent derrière nous.

« On peut dire de moi que je suis un artiste de l'évasion, dit Smiley, surtout quand je suis pas sous médocs. Ce jour-là à l'hosto, j'étais pas sous médocs. Le reste du temps, faut reconnaître qu'ils m'anesthésient bien.

— T'as fait quoi ? demande Ave Maria.

— J'ai incendié la maison de mes parents adoptifs », répond-il.

Je crois qu'on le regarde comme s'il nous faisait pitié.

« C'était des sales gens ? se hasarde Little Teena.

— On peut dire ça comme ça », répond Smiley sans nous regarder.

Tandis que Smiley localise la bonne clé sur un gigantesque porte-clés qu'il a planqué sur le côté de sa roue, il dit : « Il n'y a qu'une chose qui me foute la haine. » Il met la clé dans la serrure.

« C'est quoi ? demande Little Teena.

— Ce bandit aux pieds nus, celui qui s'est enfui de tous les centres de jeunes, a volé des bateaux, des avions et tout le toutim ! Ce sale môme a eu les honneurs de tous les médias. Il est beau gosse, aussi, cet enfoiré. Tout le monde s'en tape, maintenant, de nous autres, les “différents”. Les médias couvrent à peine les Paralympiques aujourd'hui. Et ce cents mètres en fauteuil ? J'allais me le faire... mais c'est de l'histoire ancienne.

— C'est moche, chante Ave Maria.

— Ouais », dit-il, s'accrochant au bouton de porte depuis son fauteuil et ouvrant la porte entre Obsidienne et nous. « On se rend pas compte à quel point il faut brailler et chialer pour convaincre les gens qu'on est idiot. » Il balance un regard à Moby

Dick, tout scotché, là où on l'a laissé. « On ferait mieux de se magner. J'ai déjà été tasé, il va émerger d'ici deux minutes.

— Seigneur », je dis en regardant Paralympiques. Je serre ma gorge. Cette gorge qui a récemment produit une voix. Je me sens des affinités avec lui. Ce sourire. Le bruit de la MOUETTE qui crie. Un enfant que ses parents abandonnent. C'est le parfait escroc de notre époque.

Ou juste le héros de mon Ça ado.

« Venez », dit Smiley qui maintient la porte ouverte en coinçant son fauteuil roulant, « votre copine est là. »

32

Je me débats ! Je me débats ! Je suis une tête qui dégueule une bête par la fenêtre d'une Jag en pleine accélération. Putain, qu'est-ce qui vient de se passer ?

J'envoie des gros bouts de gloubi-boulga citrouille sur tout le côté de la caisse. Pardon à la mère d'Ave Maria. Tout sent la bile, le crachat et le vomi de fille. On dirait que ma tête est une boule de flipper qui s'est échappée. RÉFLÉCHIR. REPASSER LA SCÈNE.

Le film dans ma tête débute sur nous allant à la chambre d'Obsidienne pour l'aider à se faire la belle. Obsidienneobsidienneobsidienne. Éclat noir de verre. Beauté musclée. Mes oreilles chaudes. Vertige. Smiley ouvrant la porte. Quand on s'embrasse, tout ce que j'ai connu se transforme en supernova. Rien que nos bouches, nos têtes, nos corps. Rien que la chaleur, ses cheveux noirs, sa peau sentant la pluie. Rien que mes côtes se déployant comme des ailes.

Je m'essuie la bouche. L'air froid de la nuit me fouette la tête, hors de la fenêtre de la Jag. Ave Maria me caresse le cou. Obsidienne a croisé sa jambe sur la mienne. Comme si elle voulait m'empêcher de faire un trou dans le toit de la voiture.

Marlene.

Le film dans ma tête revient. On était en train de sortir. Smiley faisait un wheeling dans le long couloir menant à l'arrière du bâtiment. À travers une cuisine qui sentait les SpaghettiOs. Puis retentit une voix autoritaire derrière nous, à l'autre bout du couloir. La voix de tous les parents, flics, avocats, profs de gym.

« IDA ! crie-t-elle. ARRÊTE ! crie-t-elle. On a quelque chose à toi. »

Je me retourne. C'est pas des flics.

Même les flics en civil n'ont pas de costards avec du si beau tissu.

C'est Chattemite d'Argent et deux hommes de main – mais c'est pas tout. Il y a aussi Marlene avec un Taser coincé dans le cou. Ses poignets et bouche chattertonés. Marlene dans une jupe cerceau des années 50, avec la chevelure de Zsa Zsa Gabor.

Je me penche encore plus par la fenêtre et je regarde la chaussée défoncée en dessous de nous. Je sais même pas où on est. Saloperie d'État de Washington. Ma gorge me fait mal et ça cogne dans ma tête. J'envisage de sauter par la fenêtre d'une Jag en mouvement.

Marlene.

Est-ce que je l'ai laissée là-bas ?

C'est ça, atteindre la majorité ?

La voix autoritaire annonce : « Donnez-moi la vidéo et on libérera cette pédale. »

Dans mon bide, l'incendie. Napalm.

Les yeux de Marlene disent : « Barrons-nous. » Les yeux de Marlene disent : « On se casse d'ici. » Marlene dans ma tête en jeune garçon courant, courant jusqu'en Amérique.

La voix autoritaire dit : « Donnez-nous vos images. »

Moi et la bande contre les Argentés de mes deux. Je me tourne vers Obsidienne Ave Maria Little Teena

Smiley, je me mets à courir. Ils ne bougent pas. Je hurle CASSOS. Ils se cassent. Hors du bâtiment.

Dans la Jag Ave Maria me dit doucement : « Nénette, ton derrière bourdonne. »

Je ne bouge pas. De la morve coule sur mes lèvres. Mes yeux sont enflés. « Je sais. C'est ma putain de mère, je ronchonne.

— Oh, dit Ave Maria, vous voulez que je le balance par la fenêtre ? » Elle a toujours son fichu cache-œil.

« Que tout le monde se calme, bordel », dit Little Teena depuis la place du chauffeur. Sa perruque a glissé de son crâne, mais elle tient toujours à son visage par la colle, sur ses rouflaquettes. Surréaliste.

Marlene. Le petit film dans ma tête repasse en boucle. Marlene avec les Taser plaqués contre sa gorge, ses côtes et son bide.

La voix autoritaire hurlant : « Donnez-moi le film, sinon ce pervers va se retrouver sous haute tension. » Puis il déchire le chatterton. Horrible bruit de peau arrachée.

Putain, vraiment. Le petit film dans ma tête est un horrible thriller de série B. Je fais glisser mon sac Dora de mon épaule et je le pose au sol entre eux et moi. Je fais comme si j'allais le leur envoyer d'un coup de pied au bout du couloir. On pourrait croire que tout ce que je suis se trouve dans ce petit sac en fente rose.

Le nom « Taser » ? C'est l'acronyme de Thomas A. Swift Electric Rifle – fusil électrique rapide de Thomas A. Swift. Un roman pour jeunes adultes écrit par Victor Appleton. C'est Marlene qui me l'a dit.

Puis dans le film dans ma tête, la voix – off – de Marlene prend le pouvoir. Pas en parlant. En riant. Elle commence, tout en profondeur et grondements, trouble les hommes de main. Puis du rire elle fait un hurlement exubérant, puis un rugissement, puis un tonnerre, la bouche si grande ouverte qu'elle pourrait avaler une tête. Son rire fait vibrer les murs et le sol. Les hommes de main frappent son torse. La voilà dépoitraillée. Son rire secoue le plafond le lino les visages des hommes de main. Elle rit à la rwandaise.

Bien sûr je veux qu'elle la boucle et sauve sa peau, mais je veux aussi que son rire fasse sauter l'immeuble.

Je ferme les yeux et je beugle comme une fille. Obsidienne essaie de faire rentrer ma tête dans la Jag. Mon cul bourdonne, bourdonne encore. Little Teena allume la radio. Même à 2 heures du mat, il y a des infos sur NPR.

« La vache... », dit Ave Maria.

Je rentre ma tête à l'intérieur.

À la radio, il y a Michele Norris. Ils parlent du Sig. Un éminent psychiatre de Seattle arrêté sur les lieux d'un possible incendie criminel. Une ado vivant sur place est portée disparue.

Cette soirée peut-elle être plus pourrie encore ? Mon cul, de nouveau.

Obsidienne prend l'iPhone bourdonnant dans ma poche arrière.

« T'as raison, c'est ta mère. Elle veut te parler. Vraiment, dit-elle.

— Sans dec' ? je sors. Je veux pas lui parler. » Je me mouche dans la manche de mon sweat à capuche, puis je roule ma manche sur le dépôt visqueux.

Ma voix tremblote comme celle d'une gonzesse. « Pas question que j'appelle ma mère.

— Elle sait peut-être si, oui ou non, on fait l'objet d'une alerte à toutes les patrouilles, dit Little Teena.

— Cool ! chante Ave Maria avant qu'elle puisse se contrôler.

— C'est pas drôle », dit Little Teena, envoyant un regard genre Nom de Dieu à Ave Maria. Puis il dit : « Ils nous filent le train, ces blaireaux ? C'était qui ? »

Ave Maria grimpe sur le fauteuil pour passer à l'arrière, puis termine presque dans l'espace entre la lunette arrière et la banquette – là où vont les chiens. « Je vois personne, dit-elle.

— J'ai mis un coup de couteau dans tous leurs pneus quand on est partis en courant », marmonne Obsidienne.

Personne ne dit rien, mais on est contents. Je fixe l'éclat suspendu au cou d'Obsidienne.

Ave Maria revient à la place devant, puis se retourne et plante ses coudes sur le haut du fauteuil, me regarde moi, puis Obsidienne. « Tu crois que Marlene est... toute brûlée ? » Sa voix est murmurante et grave. Little Teena tousse. Je regarde Ave Maria assez durement pour lui décoller la tête. Elle fléchit. « Je voulais dire...

— Ferme-la », lui répond Little Teena en grognant.

Sans le vouloir, j'attrape les poignets fins comme des allumettes d'Ave Maria. Puis je serre. Je serre plus fort. Ses yeux s'agrandissent, mais elle ne fait pas un bruit. Encore plus fort. Elle grince des dents. Je serre si fort que je pourrais littéralement lui arracher les mains des bras. Elle n'émet pourtant aucun bruit. Elle plante son regard dans le mien. Obsidienne finit par dire « Ça suffit » à voix basse dans mon cou. Elle pose ses mains sur les miennes. Je relâche l'étreinte.

Ave Maria se retourne et baisse la tête.

Au moment où ils plantent le Thomas Swift's Electric Rifle dans la gorge de Marlene, dans ses côtes, dans son bide, les mégawatts d'électricité projettent sa tête d'avant en arrière et ses bras volent dans tous les sens, arrachant le chatterton. Son torse se raidit, s'arque sous le voltage. Mais elle rit toujours. Sa poitrine se soulève et son rire se fait monstrueux. J'ai l'impression de voir l'électricité jaillir de ses cheveux, de ses yeux, de ses seins découverts, de sa bouche, de ses narines, de ses doigts, l'électricité jaillissant en rayon autour d'elle, le rire entourant mes os, mon cœur, mais à ce moment-là, derrière moi j'entends « MOUETTE ! » et c'est Smiley qui passe en trombe à côté, attrape mon sac Dora au sol, me le jette depuis son fauteuil roulant, prend de la vitesse jusqu'à se crasher dans l'horrible trinité électrique constituée par Marlene et les Argentés de mes deux. Le bruit sec et l'odeur du courant font trembler ma peau, Little Teena me tire dans une course infernale. C'est la dernière image. La dernière image du film dans ma tête.

Marlene.

Foncedée.

Dans la Jag je fixe l'arrière de la tête de Little Teena. Obsidienne enlève sa chemise et s'essuie le visage. Puis reste assise sans chemise comme si de rien n'était. Personne ne dit un mot. Je me sens comme un vieux tampon dégueu de trois jours. Il nous faut un point de chute. Je ferme les yeux.

« D'accord, je fais. J'appelle la mère. »

33

À l'autre bout de mon iPhone, j'ai l'impression d'avoir une mère en fer-blanc.

Je m'y connais en technologie. Par exemple, je sais qu'un téléphone est un procédé électronique utilisé pour des télécommunications en duplex à double sens via un réseau cellulaire de stations de base appelées des sites de base. En plus d'être un téléphone, le portable moderne a plusieurs fonctions : SMS, messages, e-mails, accès à Internet, jeux, Bluetooth, infrarouge, appareil photo, MMS, MP3, radio et GPS.

Les parents n'y connaissent que dalle en téléphone portable.

« Il nous faut un point de chute, dis-je doucement à ma mère de fer-blanc.

— Ida », dit-elle.

Je tiens l'iPhone hors de la fenêtre de la voiture et, pour un peu, l'air frais qui le fouette l'arracherait à ma main. Je ferme les yeux. Un instant j'ai envie d'ouvrir la portière et de sauter dehors. Fin.

Je ne sais pas comment parler à cette personne. Je me torture le cerveau pour trouver quelque chose à dire qui n'ait pas l'air d'un bout de vomi. Quand je remets l'iPhone à mon oreille, je dis : « Tu te rappelles la première fois que tu m'as joué du france chou beurre ? »

Après un long silence, elle dit : « Oui, Ida. Tu avais cinq ans, je crois. Tu étais assise sur mes genoux. »

Bonne réponse. Ça veut dire quelque chose ? Ça a un sens ? C'est toi, ma mère ?

« T'es où ? » je demande.

De son côté j'entends de la musique classique. J'entends une mère fredonner à son enfant. J'entends un enfant rire. Non.

C'est seulement un poste de télévision.

« Je suis au Holiday Inn à la sortie de Kelso.

— Oh... », je fais.

Puis c'est nous aspirant de l'air et le recrachant dans nos portables. J'entends sa respiration. Elle entend la mienne. On ne respire pas pareil, j'ai l'impression. J'essaie de me caler sur la sienne. Un truc d'enfant.

« Pourquoi le Holiday Inn ? je fais.

— Tu vas bien ? demande-t-elle.

— C'était comment à Vienne ? » je dis.

Silence. Télé en toile de fond.

« J'ai quelque chose pour toi », dit-elle.

Ma voix sort en quatrième vitesse dans mon iPhone : « Pendant super longtemps je pensais que c'était les mots "chou" et "beurre". C'est bête, hein ? T'as déjà entendu un truc aussi con dans ta vie ? » Je regarde Obsidienne. Dans ses yeux il y a comme un miroir. Je vois une fille quitter mon propre visage et quelqu'un d'inconnu la remplacer.

« Chambre 324, fait la mère de fer-blanc.

— C'est demain mon anniversaire », je dis, mais ma voix n'est pas reconnaissable par moi.

« Je sais, Ida », murmure-t-elle, faisant signe à travers les flammes.

34

On m'avait pas prévenu que l'amour pouvait arriver sans crier gare et que ce con pouvait vous coller une beigne.

Quand ma mère ouvre la porte de la chambre 324 du Holiday Inn, on aurait dit Catherine Deneuve, si Catherine Deneuve vous aimait sans conditions. Et si Catherine Deneuve vous aimait sans conditions ? Croyez-moi, vous vous pâmeriez.

Le vrai nom de Catherine Deneuve était Catherine Fabienne Dorléac.

Je combats la pâmoison de toutes mes forces. Je saisis la main d'Obsidienne pour qu'on se serre les coudes. Ma mère regarde fixement nos mains et comprend. Elle lève les yeux, embrasse Ave Maria et Little Teena du regard. Elle s'écarte et nous laisse tous entrer dans la chambre d'hôtel comme si c'était dans sa nature. La chambre sent un parfum de mère, un peu de vodka, un peu de sels de bain. Vêtements soigneusement pliés dans une valise noire, couvercle ouvert. Articles de toilette montant soigneusement la garde près du lavabo. La moquette est couleur terre. Les couvre-lit et rideaux offrent une combinaison de couleurs terre et ocre. Il y a une peinture de chevaux au mur. Une peinture pourrie. La télévision gargouille. Journal télévisé. En regardant le lit, je vois une cuvette légèrement froissée où une femme seule s'est assise pour regarder la télé et boire. Je ne vois pas de flacons avec des pilules, mais il doit y en avoir quelque part.

« Seigniieeeuuur, quelle chambre de rêve ! » couine Ave Maria en se jetant sur le lit de la mère, qui s'effondre instantanément. Classique.

Ma mère manipule la télécommande et attire notre attention sur les informations télévisées du soir. C'est nous. Les informations du soir, c'est nous. En quelque sorte. Un psychanalyste connu a été arrêté. Une fille a disparu. Un incendie a eu lieu dans un immeuble de Seattle. Le journaliste présent au centre de réinsertion interroge un témoin. On voit quelques images de Ted. « MIAOU », braille-t-il en se léchant la main. Les autorités enquêtent.

À part ça, on est libres.

« Bon Dieu, dit Little Teena.

— Ils ne parlent pas de Marlene, je dis à Little Teena. Ou de ces hommes de main du showbiz.

— J'ai remarqué », fait-il.

Obsidienne vient derrière moi, m'enveloppe et dit : « Elle s'est échappée, j'en suis sûre. »

J'ai vraiment l'impression d'avoir avalé du ciment et ma bonde est à tout jamais enrobée de pierre. J'ai le vertige. Je m'assois sur le bord du lit terre et ocre, et je mets ma tête entre mes jambes. Qu'est-ce qu'ils vont faire à « Ted » ? Est-ce que Sig est en prison ? Où est passée Marlene ? Vivante ? Morte ? Tout ça à cause de moi ? « Putain de merde... », je soupire.

Une main repose sur mon épaule. Je m'y accroche – pensant que c'est Obsidienne – mais immédiatement je sens l'alliance, la peau élastique, la peau si douce, et je me rends compte que c'est elle. Ma mère.

« Ida », dit-elle.

Je lève les yeux, je me redresse et je balance un regard méfiant. « Je m'appelle Dora, maintenant, je dis.

— Je vois », dit-elle. Même pas décontenancée. « Dora, donc. »

Je me lève et j'arpente la pièce. Je ne la regarde pas. J'essaie de ne pas sentir ses lotions pour la peau, sels de bain ou haleine à la vodka, qui me font l'effet d'un ours en peluche. J'essaie de ne pas avoir envie de toucher les ondulations de sa chevelure. J'essaie de ne pas me rappeler quand j'étais assise dans son giron et que je voulais y mourir. « J'ai un plan, balbutié-je. Obsidienne et moi, il faut juste qu'on arrive à l'aéroport. On a... des perruques.

— Des perruques ? » Ma mère croise les bras sur sa poitrine. Elle porte un col roulé en coton noir et un jean noir à coupe droite. On dirait une belle espionne cinquantenaire à la Catherine Deneuve. « Dora, dit-elle en s'éclaircissant la voix, je peux te parler en tête à tête ? Dans la salle de bains ? »

Ave Maria prend un oreiller de l'hôtel, se couvre la tête et les oreilles avec. Little Teena entreprend de se faire un verre. Obsidienne me regarde avec ses yeux « On peut se barrer si tu veux ».

Tout en moi refuse de parler en tête en tête dans la salle de bains. Hormis, bien entendu, mon moi tout entier, qui veut pour une fois, plus encore que de l'oxygène, être seul avec cette belle espionne de mère. Pour enfouir mon visage dans sa poitrine. Pour qu'elle me tienne, me berce comme un tout petit bébé et me chante quelque chose et PUTAIN. BON DIEU. RESSAISIS-TOI, GONZESSE.

« Bien. Pourquoi pas. » J'entre d'un pas lourd dans la salle de bains.

Une fois dedans, ma mère déboutonne son pantalon, baisse son pantalon, ses dessous et fait pipi. Une véritable cascade de pisse jaillissante. Et ouais, vue panoramique sur la fente de ma mère. Je regarde le lavabo.

« Bon Diiieeeeuuuuuuu ! gémit-elle. Je me suis retenue trop longtemps. »

Je me mords l'intérieur des joues pour ne pas dire ce que je pense, qui est C'est orgasmiquement bon, pas vrai ?

Ma mère termine de faire pipi et se lève. La pièce sent brièvement les très jolis derrières. Puis elle tire la chasse et s'assoit sur le rebord de la baignoire. Je m'appuie contre la porte de la salle de bains, les bras croisés sur ma poitrine. Je regarde la pomme de douche.

« Ida – enfin, Dora, fait-elle, c'est un petit peu délicat. »

Sans blague.

Je la mate en douce un instant. Elle a ses yeux et ses sourcils de mère inquiète. La bouche en cul-de-poule. Elle cligne des yeux. Les longs cils, chez une blonde, c'est toujours beau. Je regarde rapidement le rouleau de papier toilette, puis je me sens muette, j'oriente mon regard vers le miroir. Comme ça je peux la regarder sans la regarder. « Dis-leur de relâcher le Sig, je lui sors. Personne, en dehors de ma famille proche, ne m'a fait de mal. Je vais bien. »

Elle ferme les yeux. Soupire. Il y a des années, dans ce soupir.

« Écoute », dit-elle d'une voix très lasse. Elle se frotte les tempes. Elle ouvre les yeux. Je continue de regarder dans le miroir pour la voir. Elle se lève. L'odeur de ses cheveux flotte entre nous. Bon Dieu.

C'est le genre d'odeur de cheveux qui vous donne envie de plonger votre visage dans les vagues.

« Il s'est passé trop de choses pour que j'essaie de changer quoi que ce soit. Entre toi et moi, j'entends. Tu es grande maintenant. » Quand elle dit « toi et moi », elle agite la main dans l'air entre nous comme si elle chassait les mouches. Quand elle dit : « Tu es grande maintenant », elle pose ses mains sur ses genoux et tapote ses rotules deux fois.

Quelque chose au coin de mon œil gauche me fait mal.

Elle regarde ses genoux. « J'ai tout fait foirer. Je le sais. »

Ma gorge se serre.

« Quand j'étais enceinte de toi, j'ai quitté ton père. »

Respiration accélérée. Mâchoire bloquée. Aïe aïe aïe !

« Enfin, je pensais que je le quitterais. » Elle lève les yeux vers moi. « Je suis venue dans cet Holiday Inn. Cette chambre. Je me suis allongée sur ce lit », dit-elle en indiquant le mur de la salle de bains. De l'autre côté, Ave Maria est probablement allongée là où elle l'était. « J'ai bu une bouteille entière de vodka et mis un flacon entier de Xanax dans ma bouche. La télévision était allumée. Je me suis reposée là un certain temps. Une partie du Xanax s'est dissoute et a coulé dans ma gorge. J'ai mis mes mains sur mon énorme ventre nu. Tu étais dedans. Tu as donné des coups de pied. »

Elle rit de ce rire ironique qu'ont les gens lorsqu'ils ne croient pas à ce qu'ils viennent de dire et ferment les yeux. « Tu donnais de sacrés coups de pied ! Au point que j'en ai crié. Comme si tu portais déjà tes Doc Martens. Il était évident que tu m'en voulais. »

Elle rit de nouveau. « J'ai recraché les pilules sur le sol. Ensuite j'ai dormi. »

Si j'ai des pieds, je ne les sens pas. Ni les tibias ni les genoux. Même mes mains, mon visage, me font l'effet de plumes. Et pourtant je ne décolle pas mes yeux du miroir. Même si mon regard est tout embué, je ne bats pas des cils. Je n'ai pas de mot pour ça. Quels mots prononcer quand votre mère vient de vous dire qu'elle avait voulu se supprimer lorsque vous attendiez votre tour pour sortir de son ventre ?

« Dora, j'ai quelque chose de très important à te dire. »

Sans blague. C'est bien le moment.

« Tu ne seras pas contente, mais ça restera vrai quand même. »

Super.

« Dora, tu vas devoir apprendre à choisir tes combats. Il faut arrêter de te battre contre tout et apprendre à te battre quand cela en vaut la peine. »

Une partie de moi veut lui en coller une direct sur le museau. T'as été HÉBÉTÉE pendant dix-sept ans et MAINTENANT tu veux me donner des conseils de sagesse ? Comme si t'étais ma mère et moi ta fille ? Je serre la mâchoire, la desserre, la serre, la desserre. Si seulement je pouvais me mettre un truc dans la bouche et le mordre à mort pour tout oublier.

« C'est tout ? je demande.

— Et merde ! » dit-elle. Elle se lève, se détourne de moi en direction du rideau de douche, puis fait demi-tour. « Tiens », dit-elle en fouillant dans sa poche arrière pour en retirer un bout de papier. « C'est pour toi », dit-elle en me tendant le papier. « C'est pour cette raison que je suis allée à Vienne. Quelqu'un est mort. Quelqu'un que tu n'as pas connu, mais moi si. En tout cas un certain temps. Ma... ma mère. »

Pendant environ trente secondes je laisse sa main et le bout de papier suspendu en l'air entre nous. Une mère, une fille, un bout de papier. C'est la chose la plus importante qui se soit passée entre nous depuis très longtemps. Peut-être depuis toujours. De l'autre côté du mur Ave Maria essaie de poser sa voix sur les jingles des pubs à la télé. Je finis par prendre le bout de papier.

Vous savez quoi ? C'est pas un bout de papier. C'est un gros chèque de banque. Bleu pastel. Un chèque de 1,7 million de $. Oui, vous avez bien lu. Au nom d'Ida Bauer – mon nom de naissance – qui qu'elle soit.

L'argent. De nouveau. Sig. L'Argenté de mes deux. Et maintenant elle. Être une fille dans ce monde n'est donc qu'une question d'argent et d'organes génitaux ? La vie n'est-elle qu'une longue série de transactions ?

Ma respiration devient bizarre. On dirait un faux, ce chèque. Un dessin animé. Un exercice d'art graphique. Une photocopie. Une reproduction. Tout sauf réel. Je le chiffonne dans ma main vite fait bien fait et je le fourre dans ma bouche. Ma mère ne bronche pas. Je la regarde me regarder dans le miroir. À l'intérieur de ma bouche, la fortune chiffonnée a le goût de pâte à papier et d'encre. Elle remplit ma bouche et me pique les joues. Je me tourne et je regarde ma mère frontalement.

Elle penche la tête et croise les bras sur ses nénés. Elle soupire. Il y a un soupçon de sourire sur son visage. « Elle voulait aussi te donner l'argenterie, dit ma mère, mais je me suis dit que tu tordrais toutes les cuillères ou quelque chose d'aussi... imaginatif. »

C'est plus fort que moi, ça me fait rire. Toutes ces cuillères fléchies comme des paumées de religieuses en argent, tout à leur prière. Je fouille dans ma chaussette montante et j'en retire la cuillère que j'ai presque toujours sur moi. Contre ma peau. Je la brandis entre nous. Côté convexe, ma tête allongée et flippante. Côté concave, la sienne. On sourit l'une et l'autre. Presque de la même façon. Sauf que dans mon sourire il y a du papier à la place des dents, comme quand on met une peau d'orange. Je tords le bout de la cuillère et je lui tends.

« Je la chérirai », dit-elle, peut-être en plaisantant.

Je me tourne vers le miroir. Je crache les 1,7 million de $ chiffonnés dans le lavabo de la salle de bains. Je les déchiffonne. Je les regarde dans le lavabo. C'est mouillé, mais sauvable. Je ne parle pas que du chèque. De ma vie aussi.

« Bon anniversaire, Dora », dit ma mère en s'approchant de moi comme si on allait s'étreindre.

MACHINTRUC ÉPILOGUESQUE

Putain d'hostos. J'ai ma dose, croyez-moi.

Éclairage fluorescent flippant, mélange bizarre de ringards attendant dans des petites pièces infernales aux tons terreux, odeur de détergent industriel mêlée à celle de la transpiration et du sang. Volées de crétins de médecins et d'infirmières fourmillant autour. Ave Maria est assise en face de moi dans un – vous l'avez deviné – fauteuil similicuir, balançant les jambes de haut en bas. Little Teena feuillette un numéro d'*American Sailing*. J'appose ma marque d'un coup d'ongle sur un gobelet de café en polystyrène.

On attend que Marlene sorte du bloc opératoire. Ils ne nous laissent pas l'approcher parce qu'on n'est pas de la famille.

Je pourrais vous dire beaucoup de choses sur le mot famille.

Un mois après l'épisode du Holiday Inn, Ave Maria, Little Teena et moi déjeunions au restaurant, au sommet du Space Needle. Offert par la mère d'Ave Maria. On était tous les trois perchés comme des cerfs-volants, plus haut encore que le Space Needle. Ave Maria jetait des bouts d'aliments par-dessus la tête de sa mère pompette, Little Teena portait le fez, Obsidienne a commandé un dessert flambé, et pour la première fois, j'ai remarqué la vue de là-haut. Impressionnante. Quand on fait le tour du truc circulaire et qu'on peut éviter le vertige dû à la plate-forme légèrement pentue et au disque en mouvement, toujours aussi lent, c'est carrément magnifique. Le bruit. Les montagnes. La ville. Tous les environs, le souffle et la poussée de la vie.

J'ai pris de l'agneau. Je n'avais jamais mangé d'agneau. Je culpabilise de manger un bébé mouton, mais PUTAIN ce que c'est bon. Et deux martinis plus tard, tout le monde s'en tape de PETA, non ? C'était un peu comme un pot de départ. Ave Maria va à Yale. Vous avez bien lu. Quoi ? Je vous avais dit qu'ils étaient riches. Je vous jure, je rêve d'introduire une minicam dans sa chambre rien que pour voir l'effet qu'elle fait à ces petits snobinards. Little Teena a décroché un petit boulot à San Francisco pour caresser l'ivoire dans un club de jazz gay. Eh oui ! Elle est pas belle, la vie ?

Concernant notre mélo ado, eh bien je vous ai déjà dit : perruques, travail. Personne n'a jamais su qui on était. Ou qui on est. Aucune image des caméras de surveillance. Aucune preuve qu'on soit passés par là. Hormis une histoire loufoque qu'ont racontée les trois hommes qui ont été arrêtés.

Les trois comparses, alias l'attaché de presse et ses hommes de main, ont été arrêtés pour tentative d'enlèvement. Il s'est avéré que Marlene était dans le coffre de leur voiture. Quand ils nous ont coursés cette nuit-là et qu'ils ont découvert les pneus tailladés par Obsidienne, Smiley a appelé les flics à l'intérieur du centre de réadaptation et a clairement expliqué au téléphone que les trois auteurs du meurtre du vigile avaient aussi un gros travelo noir dans le coffre de leur voiture et qu'ils tentaient de prendre la fuite.

« Des pervers et des assassins ! » répétait Ted au téléphone. « Ils s'en prennent à des enfants piégés et sans défense ! » Mais quand les flics sont arrivés, Smiley a repris son numéro de mongolito.

Aucune trace de l'existence d'Obsidienne.

Quelqu'un pète dans la salle d'attente de l'hôpital. Je regarde Little Teena. Il secoue la tête de haut en bas, du mouvement universel « Eh ouais, c'était moi ! », puis dit : « Pourquoi tout sonne gay dans le monde de la voile ? » Il relève les yeux de son magazine. « Regarde un peu : matelot de deuxième classe. Ancre de croupiat. Girouette. Grappin. Trou d'homme. Coiffer et servir. Va et vient. Merde alors, on se croirait dans une partouze SM. »

Ave Maria rit comme une petite fille timide et se couvre le visage. Puis elle sort un solennel « Ouah ! ». Tend les bras devant elle. Ses poignets portent des bleus marron, jaune et bleu. Légers, mais réels. Qui viennent de moi. « C'est pas les bracelets les plus chic du monde ? »

Je l'aime je l'aime je l'aime.

Je regarde mon gobelet d'eau terreuse. Malgré moi, j'ai gravé un cœur d'un coup d'ongle.

Obsidienne et moi, on fait construire un chalet delta dans les bois près de chez une tante à elle lesbo et folle qui s'est fait jeter de la réserve parce qu'elle battait constamment les hommes à coups de tisonnier et se confectionnait sa propre gnôle à base de peyotl. Je peux bien vous le dire, elle est délicieuse cette gnôle. Et décoiffante. On a dans l'idée de monter un business.

Je vous dirais bien où exactement, mais franchement je veux pas trop parler aux gens pendant un certain temps. C'est tout près de la réserve naturelle de Nisqually. Chauve-souris, lapins, castors, ours, renards, coyotes, saumons, phoques et toutes sortes d'oiseaux... je me rendais pas compte à quel point ils étaient chouettes ces animaux, avant de les rencontrer. La tante lesbo cintrée, qu'est pas cintrée du tout – mais on l'a aidée à perpétuer l'histoire – elle m'a fait un cadeau. Un galurin en peau de phoque. Sauf qu'on dirait une casquette de soldat de l'Union, en fait, version peau de phoque. D'après elle, le phoque est mon animal totémique.

À propos d'animal totémique, un jour un mec m'a tout dit sur les totems... vous en pensez quoi, des rats ? La tante folle lesbo m'a dit qu'ils étaient sacrés, mais répugnants. J'ai demandé s'il y avait un rituel ou une prière que je devais faire ? Venant d'une ville de Blancs, je peux changer et devenir membre de votre tribu ? Elle m'a regardée comme si j'étais une mongolienne. « C'est pas *Danse avec les loups*, fidèle amie, mais c'est un bon chapeau pour la pluie. » Elle a ri, et j'ai ri, et Obsidienne a ri, et on a bu un vin qui fait tourner la tête et, faut bien le reconnaître, rire c'est cool.

Quant à mon mur de fille, j'ai tout remixé et l'ai transformé en une petite installation artistique sympa appelée « Dora la dingue ». Il faut pénétrer dans une « chambre Dora » tapissée de plastique rose, de fourrure de fente et de vaseline pour vivre cette expérience. Une fois à l'intérieur, les murs sont des mots. Il y est raconté tout ce qui m'est arrivé dans ma petite vie débile. Il y a des phrases de bouquins de cul, des paroles de chansons, des mots que j'ai pris sur les murs des chiottes de toute la ville. Des lettres pour Francis Bacon et même des conseils, çà et là, à l'intention du Sig : « Sig, faudra arrêter de te la raconter la prochaine fois que t'as une fille comme patiente. » Au plafond de la chambre de fille, un film avec, en boucle, la bande-son la plus top moumoute que vous entendrez de votre vie. Le bruit des chaussures sur le bitume, le vent et la pluie qui font claquer la ficelle du drapeau en haut d'un mât. Le souffle d'un chien, les moteurs de Lexus, la chiasse, les concertos de violon, tous mélangés. Les contre-*ut* d'Ave Maria et les choses que les serveuses de chez Shari nous ont hurlé dessus, du verre qui tombe. Le bruit de l'eau. Celui d'une barre métallique qui roule sur le béton dans un parking. Le gazouillis des oiseaux et de l'électricité. Le bruit est partout, sauf dans votre voix.

J'ai gagné un paquet de prix artistiques avec. Trop cool.

La salle d'attente de l'hôpital sent le désodorisant, la solution hydro-alcoolique et les cathéters en plastique mélangés aux pets de Little Teena. Ave Maria se lève et dit : « Je vais chanter une chanson sur le changement de sexe et l'hosto ! »

Une espèce de teigne passe devant nous au moment où elle dit ça et nous fait une grimace façon raisin sec.

« Mords-moi », je dis. La teigne disparaît comme si quelqu'un lui avait mordu le cul.

« Doux Jésus », dit Little Teena en reprenant son magazine.

Ave Maria marche les yeux fermés en faisant de minuscules ronds, fredonnant quelque chose.

Je fouille dans mon sac Dora et je mets mon H4n en marche. Little Teena débite des termes de voile.

« Petit cacatois. Culasse. Accul. Vergue. »

Je regarde l'heure sur mon iPhone. Marlene est là depuis trois heures. En fait il y a trois sortes de chirurgies de réassignation sexuelle une fois qu'on a passé les années de thérapie et de travestisme nécessaires à l'accomplissement d'un changement de sexe.

Marlene est prête depuis un bon moment en termes de prémédication et elle fait des économies.

La première chirurgie de réassignation sexuelle s'appelle une vaginoplastie par inversion de la peau du pénis. On retourne entièrement la peau du zob et on s'en sert pour garnir une fente.

La seconde s'appelle une vaginoplastie avec greffe du scrotum. On y recourt lorsqu'il n'y a pas assez de peau de zob pour créer le vagin et la garniture de la fente, du coup on utilise aussi la peau du scrotum. Apparemment on a davantage de profondeur pour la bite.

La troisième est la vaginoplastie par greffe du côlon sigmoïde. Tout est dit dans le nom. On utilise une partie de votre peau de trou de balle pour recréer partiellement un vagin. C'est une peau plus dure. Plus... caoutchouteuse. Mais c'est le nom que je préfère.

Dans chaque cas le chirurgien construit des grandes lèvres, des petites lèvres et un clitoris sensibles, le capuchon du clitoris.

On tape dans les dix à vingt-cinq mille dollars.

Une goutte d'eau quand on a 1,7 million...

Ave Maria commence à chanter. Elle porte le poing à sa bouche comme avec un micro d'autrefois.

C'est pas une version originale, c'est mieux. C'est le Velvet Underground. Je monte le volume sur le H4n qui est dans mon sac. Je brandis mon iPhone et je l'enregistre. Elle tourne lentement, en cercles, pendant qu'elle chante, les yeux fermés, tirant ses cheveux en baguettes de tambour de sa main libre.

I'll be your mirror
Reflect what you are, in case you don't know
I'll be the wind, the rain and the sunset

The light on your door to show that you're home
When you think the night has seen your mind
That inside you're twisted and unkind
Let me stand to show that you are blind
Please put down your hands
'Cause I see you

« T'as raté ta vocation, dit Little Teena, t'aurais dû jouer dans un groupe.

— Grave, je dis. Les filles d'Ève.

— Géant, dit Ave Maria d'une voix flûtée. On devrait se faire faire des tee-shirts ! »

Je serai ton miroir[1].

Géniale, cette phrase. Ça paraît tellement... PERTINENT à l'instant même. Pour Marlene. Quand elle sortira, il faudra assurer, histoire d'être de bons miroirs pour elle. Mais aussi pour nous. Il faut qu'on continue de se réfléchir les uns les autres, sinon on tombera sous le regard de la culture pop de la mort et du fric. Faut qu'on fonde notre propre famille, qu'on écrive notre propre sexualité, notre propre moi. Qu'on se raconte.

Ave Maria monte le volume. Les garçons de salle se montrent curieux et font la grimace en passant. Il n'y a qu'une chose à faire – je me lève et je tends la main à Little Teena. Il accepte mon invitation. On danse. Comme des punks en folie.

Chante, Ave Maria. Chante.

1. L'auteur écrit « I'll be you mirror », littéralement « Je serai ton miroir », et qui n'est autre que le titre du morceau éponyme du Velvet Underground. (*N.d.T.*)

PARCE QUE JE SAIS QUE VOUS VOULEZ SAVOIR

Ouais, j'ai vu le Sig.

Trois fois, par la suite, pour être exact.

La première fois que je suis allée le voir, c'était le lendemain de la rencontre au Holiday Inn. Il était en détention pour maltraitance et incendie volontaire. Apparemment il a fallu un moment pour en finir avec la paperasserie, après que ma mère a eu cessé les poursuites. Alors je lui ai parlé à travers le Plexiglas de la prison de Seattle. J'ai pris le téléphone noir de mon côté, modèle genre 1968. Il a pris le téléphone noir de son côté à lui.

« Vous avez une sale mine, j'ai dit.

— Vous êtes radieuse, a-t-il répondu. Vous avez des cheveux. En quelque sorte. »

J'ai passé mes doigts dans ma maigre récolte de cheveux. On aurait vraiment dit des cheveux.

« Je leur ai dit que vous étiez mon médecin, vous savez. Pour de vrai, je veux dire. »

Il a posé son autre main sur le pupitre devant lui et a tapoté des doigts comme s'il jouait du piano. Immédiatement je me suis sentie con. « Suis-je censé vous remercier ? » a-t-il dit sans me regarder.

On est restés assis là comme des empotés pendant une minute avec nos téléphones noirs merdiques à la main. Puis j'ai frappé à la vitre. Il m'a regardée. « Je peux vous demander quelque chose ? » j'ai fait.

« Certainement, a-t-il dit.

— Vous allez faire quoi avec votre pile d'études de cas ?

— Je n'ai pas encore décidé », dit-il doucement. Puis : « Ma carrière donne de la gîte, depuis quelque temps... il va falloir que je règle quelques petites choses, si vous voyez ce que je veux dire. Il se peut que je quitte le pays.

— Vous avez de super avocats, je parie », je lui sors. Ce qui a soudain sonné comme débile et puéril. « Vous avez de super avocats ? » Après tout ce qui est arrivé, c'est tout ce que j'ai trouvé à lui dire. Je l'ai fixé. Si vous aviez vu les veines bleues à ses tempes et sur le dessus de ses mains. Ses yeux s'enfonçaient dans des plis de chair et autres rides. Je sais pas pourquoi je l'avais jamais remarqué, mais ses oreilles sont énormes et flasques. Et des poils de vieil homme en sortent.

Nom de nom. Je ne me rappelle plus pourquoi il y a eu de la bagarre. Pourquoi je me bagarrerais avec lui ? On aurait dit un grand-père – dans un triste pyjama orange.

C'était comme un duel. Un vieil homme en pyjama orange derrière le Plexiglas. Une jeune femme avec un sac-fente.

« Je veux simplement que mes histoires soient ma propriété », j'ai fait, en tenant mon sac Dora. Pourquoi j'ai dit ça, moi ?

Le Sig a toussé. Puis il a beaucoup toussé. Mais il a gardé le combiné à l'oreille.

« Je comprends, tousser est une stratégie de diversion », j'ai dit en souriant comme un bouffon. Ha ha ha ha.

Sig a encore toussé, puis a souri, puis a eu l'air de couilles de vieil homme, les plus tristes de tout l'univers, puis il a reposé le combiné.

« Alors au revoir », j'ai fait.

Et c'était fini.

La fois suivante où je l'ai vu, j'avais trente ans.

Pour être franche avec vous, il n'avait pas l'air plus vieux que cette fois-là, derrière le Plexiglas. Il avait son allure de vieil homme, mais en plus soigné. Il paraissait plus petit et plus fin. Une sorte de Sig rapetissant. Je l'ai vu dans son cabinet, figurez-vous. Il m'a fait du thé. M'a poliment posé des questions sur ma vie. Je lui ai donc répondu qu'Obsidienne et moi, on avait lancé notre propre vignoble et qu'on produisait un pinot bio. Qu'on espérait fonder une résidence d'artistes filles et construire quelques chalets delta de plus. Je lui ai dit que j'avais monté un petit studio de réalisation cinématographique à côté de notre maison. Tout semblait lui faire plaisir. Il a paru calme et doux, mais chaque fois qu'il portait sa tasse de thé à sa bouche, sa main tremblait très nettement.

À un moment il a sorti un cigare de sa poche de veston. Je me suis donc levée, suis allée jusqu'à lui et le lui ai allumé. Entre une bouffée et une autre, il a dit : « Très aimable. » Son cigare ? Il ressemblait à un cigare.

On a parlé de mon histoire. De comment mon père m'avait trahie, comment ma mère m'avait négligée, comment j'avais besoin de passer par une épreuve psychosexuelle, si l'on peut dire, pour faire avancer les choses. Les phrases m'ont semblé dénuées d'efforts et de pathos.

« Merci de m'avoir crue, je me rappelle lui avoir dit. Ça a été important que vous ne m'ayez jamais traitée de menteuse, j'ai dit.

— Vos mensonges étaient plus profondément ancrés en vous. C'est en partie la raison pour laquelle vous êtes une artiste, dit-il. Mais j'ai toujours eu le sentiment que le temps passé ensemble conduirait à... »

J'ai attendu.

« Un échec, dit-il. Pour ma part. »

Je me suis levée, je me suis dirigée vers lui et j'ai ouvert la bouche pour protester, mais il a levé la main entre nous en signe de refus. De toute façon, j'aurais dit quoi ? Fait quoi ? Je me suis rassise.

Une fois au terme de l'heure de rendez-vous, sa vieille pendule à coucou s'est déclenchée. À ma surprise et pour mon plaisir, un coucou a jailli. On a ri.

« Mon coucou est réparé ! » annonça-t-il, et on a ri de plus belle, mais j'ai soudain vu qu'en dépit de son âge il avait l'air d'un enfant desséché, presque englouti par son fauteuil à dossier en chapeau de gendarme, la fumée de cigare lui donnant un caractère onirico-féerique.

Je n'ai jamais fait un film de son aventure phallique. Les images sont archivées, stockées sous différentes formes dans mon studio. Parfois je les regarde comme d'autres regardent leurs films de famille et je souris. Ce n'est pas de la moquerie. C'est de la nostalgie. Pour le drame qu'était cette fille.

La troisième fois, ce fut sur sa tombe. À Vienne. Obsidienne et moi rendions visite à ma mère en Europe. Elle m'avait appris qu'il était mort. Ses études de cas étaient en train d'être compilées et une aile de la bibliothèque serait dédiée à son œuvre. Avec un soin et un archivage de qualité semblable à celui de Franz Schubert.

Sigmund Freud a fumé environ vingt cigares par jour durant toute sa vie d'adulte. Il a développé un cancer de la bouche, mais l'a caché pendant des années. Il a subi presque trente opérations chirurgicales. Le reste n'est que commérages entre médecins, mais on dit qu'un de ses pairs l'a aidé à mourir, qu'il voulait mourir emporté par son imagination, en train de lire de la littérature, que le dernier livre qu'il ait lu fut un roman de Balzac, que son ami médecin lui a injecté assez de morphine pour assommer un cheval, jusqu'à ce qu'il meure en pleine interprétation d'un roman à clef : délicieux, vertigineux, exquis.

Je sais ce que dirait Sig. Il dirait qu'on vit en accord avec le « roman familial » classique et qu'on n'y échappe pas. D'un autre côté, bon sang, est-ce que tout dans la vie tourne autour de l'Œdipe ?

Parce que si c'est le cas, franchement, autant m'achever.

REMERCIEMENTS

Rhonda Hughes demeurera à mes yeux une héroïne littéraire pour son courage et son intégrité. Il n'existe pas de meilleure collaboration entre un écrivain et un éditeur. Nulle part. Je le dis tout net : ce livre n'existerait pas sans l'aide de la bande. Alors merci, Chuck Palahniuk, pour l'idée que tu sais, cette autre chose, et surtout le passage qui affolera tout le monde sauf toi et moi. Et pour nos rires. Merci, Monica Drake, d'être aussi obsédée par Dora et Freud que je l'étais. Merci, Chelsea Cain, d'avoir aimé le personnage d'Ave Maria, que j'ai calqué en partie sur toi, en imaginant qu'on était amies depuis toujours. Et pour le titre. Merci, Suzy Vitello, d'avoir collecté les données sur la psychologie et les gémeaux, de m'avoir pardonné d'être la fille que j'ai probablement été et de m'aimer quand même. Merci à Erin Leonard d'écrire des choses bizarres, elles font passer les choses bizarres que j'écris pour moins étrangères. Merci, Cheryl Strayed, d'aimer ces pages père-mère que j'ai écrites, on le sait l'une et l'autre, du fond d'un cœur plein d'espoir. Merci, Diana Page Jordan, d'avoir compris à quel point il était important de survivre et de le raconter dans des histoires. Merci, Mary Wysong-Haeri, pour les secrets qu'on s'est confiés tour à tour et ces verres de vin bus à la sauvette. Et merci, la Mingo, toi qui as lu chacun de ces foutus mots, chacune de ces pages et m'as dit de m'y recoller avant de les montrer à la bande.

Toutes les citations de Sigmund Freud proviennent de *Fragments d'une analyse d'hystérie (Dora)*.

LA CRISE COMME CONTENU : POSTFACE

On peut compter sur Lidia Yuknavitch pour nous faire passer au stade supérieur.

Il n'y a pas si longtemps, les riches se mettaient sur leur trente et un, portaient rangs de perles, souliers à boucles argentées, enfilaient manteaux d'hermine, tiares de diamants, gants de velours, et ainsi parés allaient trotter dans les asiles pour regarder les cinglés se masturber et manger des excréments. Quelle peine ils se donnaient, ces gens riches et sains ; trotter ainsi, franchement ! De nos jours, on se contente de s'allonger sur le canapé à la maison en sirotant un pinot noir. Certes, on doit décortiquer nos gambas à la main, mais c'est bien là le pire. Autrement, on lorgne la litanie habituelle des givrés : celui qui accumule tout compulsivement, enterré sous de sordides tas de détritus et des couches pour adultes gorgées de caca. Le poivrot titubant et lustré de vomi ou le type gavé de médocs. Le si divertissant boulimique sexuel – monstre de foire perpétuellement en train de se branler et de fouetter des chattes. Et le ballon dirigeable, l'obèse qui bouffe tout ce qu'il trouve.

La plus grosse différence entre notre encanaillement moderne auprès des fous et la pratique plus ancienne, c'est qu'aujourd'hui on n'a pas à mettre le nez dedans. Ça reste une exposition, mais on peut la visiter depuis le confort de notre salon. Eh oui, aujourd'hui les fous sont télévisés. C'est la « crise comme produit » ou, comme je me plais à le dire, le « thérapi-vertissement ». Certes, le titre des programmes change, mais le sort en est jeté. Les émissions sont baptisées *Intervention* ou *Hoarders (On ramasse tout !)* ou *Too Fat For Fifteen* (*Déjà obèse à quinze ans*) ou *Bad Sex* (*Sexe en crise*). Seulement, les gens qui y participent semblent le faire parce qu'ils n'ont pas d'autre choix. Ce sont les mêmes qui auraient été enfermés à l'asile ou en maison de correction un siècle auparavant. Les poivrots indigents des villes, idiots du village et autres vieux satyres de quartier.

Chaque émission télévisée comporte trois actes. Dans le premier, ils nous montrent cet enfant si vif et plein de promesses. Ils nous déterrent systématiquement des photos de bébé, des portraits datant de l'école primaire où des gosses sourient en dévoilant leur appareil dentaire. Dans le second acte, on voit ce que ce môme innocent est devenu : un homme reclus chez lui, un porc bouffi, un junky plein de bave ou un accroc au porno. Dans le troisième, enfin, l'objet de notre voyeurisme se voit proposer une sévère rédemption. En réalité toute l'émission est marketée comme un acte de rédemption. On est simplement là en cas de besoin. Et c'est avec un masque d'empathie sincère que nous nous penchons sur ces pauvres âmes dans la tourmente. Au cours de cet acte final entrent en scène des professionnels de la psychiatrie censés enseigner les stratégies d'adaptation et proposer des méthodes pour maîtriser ses impulsions. Tout cela pourrait être si sain et si fructueux... sauf que les junkies sont équipés de micros. Tout le monde a le bas du dos gonflé par le micro caché sous les vêtements. Les gros se gavent de poulet frit, transpirent sous la lumière crue des projecteurs. Tandis que derrière, invisible, toute une équipe met en scène le moindre plan.

Il n'est pas inutile ici de noter combien toute cette agitation ébranle notre perception du comportement anormal et autodestructeur comme maladie. En regardant *Intervention* ou *On ramasse tout !*, le spectateur ne peut que se demander si ce n'est pas du cinéma : des symptômes factices associés à une thérapie factice aboutissant à une guérison factice. Voilà la preuve par neuf que les déséquilibrés, comme on l'a toujours soupçonné, font tout bonnement semblant pour qu'on leur accorde plus d'attention.

Mais bon sang mince alors, tout ça est tellement... captivant. Et ça aurait pu être vous et moi. Sans l'assurance-maladie, c'est nous qui étalerions notre linge sale psychiatrique devant les docteurs Phil et Laura, offrant un « thérapi-vertissement » de qualité en échange de leurs piètres conseils. Et d'une dose dérisoire de leur affectueuse fermeté.

La plupart du temps le destin ultime du sujet est révélé par un bristol. C'est une phrase ou deux présentées en « inversé », lettres blanches sur fond noir. Soit le pécheur affligé accepte le nouvel enseignement, soit il le rejette. Vit ou meurt. Noir ou blanc. Tout ou rien. Et le plus souvent, l'obèse, drogué ou satyre est sauvé. Alléluia. Mais parfois le zombie gorgé de méthamphétamine ou le claquemuré vociférant à tout va meurt dans le lit infect qu'il s'est concocté.

De tout temps cette façon de s'encanailler a existé : les sains d'esprit venant observer les fous, les gens ayant de l'argent et du pouvoir regardant ceux qui n'en ont pas. Il est préférable de ne pas évoquer les leçons de morale voilées sur la voracité, la convoitise, la cupidité et la paresse poussées à leur extrême, pourtant si méritées. Mais cela suggère que les Sauvés posent un regard plein de pitié sur les Damnés. De même que nous épluchons les chaînes câblées en quête d'accidents ferroviaires, il va sans dire que les anges du Paradis profiteront d'autant plus de leur éternité qu'ils auront l'occasion de flâner près de ceux qui souffrent en Enfer.

Comment ne pas aimer le thérapi-vertissement ? Il nous procure un tel sentiment de supériorité, de confort, de catharsis. Chaque épisode est moins un mélodrame qu'un avertissement ou un sermon. Quant aux experts convoqués – travailleurs médico-sociaux, conseillers conjugaux, coachs personnels, diététiciens, etc. –, ils ne sont rien de moins que des missionnaires évangéliques, ces disciples de Freud, Jung et Skinner. Il est troublant de noter, soit dit en passant, que ces mêmes institutions qui emprisonnent les fous les protègent également de ce genre d'exploitation par les médias. Rappelez-vous le tumulte autour des photos prises par Diane Arbus à Willowbrook. Là où jadis seuls les riches avaient les moyens de verser des « enveloppes » ou des « dons » leur permettant de se rincer l'œil, aujourd'hui n'importe qui pouvant s'offrir un abonnement minimal au câble peut profiter du pathos.

La soi-disant « télé-réalité », qui a débuté sur le mode de la simple observation (pensez à *Une famille américaine* dans les années 1970) ou du gag (pensez à *Caméra invisible* dans les années 1950) ne cherchait pas à changer les gens. Pas au départ. Alors qu'aujourd'hui, sous couvert de responsabilisation, l'équivalent scientifique d'un seul rassemblement évangélique de Billy Sunday – voire de dizaines – pénètre dans nos foyers chaque semaine. Que faire, à partir de là ? Maintenant que nous avons reconnu les bienfaits et les motivations de ces médecins, coachs, tyrans, que se passe-t-il ensuite ?

On peut compter sur Lidia Yuknavitch pour nous le montrer.

La volte-face est plus que fair-play, elle est salubre. Pendant que les faibles sujets « malades » sont exploités pour le thérapi-vertissement, peut-être réfléchiront-ils le regard du public sur leurs sauveteurs présumés « sains ». Les exposants deviendront les sujets de l'exposition. Seule Lidia Y. a pu voir où menait ce *zeitgeist.* Dans *Dora,* elle prend le modèle le plus classique de thérapi-vertissement, la crise-personnelle-comme-contenu, et le renverse admirablement.

Imaginez que Pat, Bill et Lance Loud aient secrètement décidé de manipuler à leur tour le réalisateur Craig Gilbert et la télévision publique. Il est aisé de voir combien cela aurait ressoudé cette famille malheureuse. Ou bien imaginez qu'un malheureux clampin, sur un trottoir de New York, entarte le suffisant Allen Funt. Ça, ce serait de la responsabilisation. Un sujet observé qui contrôlerait secrètement, de main de maître, l'observateur, et ferait preuve d'un développement personnel salutaire. Comme d'habitude, Lidia Y. a dix longueurs d'avance sur la culture populaire. On ne pourra pas dire qu'elle ne nous avait pas prévenus.

Le monde de *Dora* n'est pas seulement possible, il est inévitable. C'est la revanche comme ultime thérapie.

Chuck PALAHNIUK

MIXTE
Papier issu de sources responsables
FSC® C003309
FSC
www.fsc.org

10/18, une marque d'Univers Poche,
est un éditeur qui s'engage pour
la préservation de son environnement
et qui utilise du papier fabriqué à partir
de bois provenant de forêts gérées
de manière responsable.

Imprimé en France par CPI

N° d'impression : 3011058
Dépôt légal : mai 2015
X06421/01